人际关系与沟通

主 编 解金键 李家俊

北京理工大学出版社
BEIJING INSTITUTE OF TECHNOLOGY PRESS

版权专有　侵权必究

图书在版编目（CIP）数据

人际关系与沟通 / 解金键，李家俊主编. -- 北京：北京理工大学出版社，2024.6
ISBN 978-7-5763-4234-5

Ⅰ. C912.11

中国国家版本馆 CIP 数据核字第 2024510KG6 号

责任编辑：王梦春　　**文案编辑**：邓　洁
责任校对：周瑞红　　**责任印制**：施胜娟

出版发行 / 北京理工大学出版社有限责任公司
社　　址 / 北京市丰台区四合庄路 6 号
邮　　编 / 100070
电　　话 /（010）68914026（教材售后服务热线）
　　　　　（010）68944437（课件资源服务热线）
网　　址 / http://www.bitpress.com.cn

版 印 次 / 2024 年 6 月第 1 版第 1 次印刷
印　　刷 / 三河市天利华印刷装订有限公司
开　　本 / 787 mm×1092 mm　1/16
印　　张 / 15
字　　数 / 350 千字
定　　价 / 45.00 元

图书出现印装质量问题，请拨打售后服务热线，负责调换

前　言

习近平总书记在党的二十大报告中指出："我们要坚持教育优先发展、科技自立自强、人才引领驱动，加快建设教育强国、科技强国、人才强国，坚持为党育人、为国育才，全面提高人才自主培养质量，着力造就拔尖创新人才，聚天下英才而用之。"全面贯彻党的教育方针，落实立德树人根本任务，全力培养德智体美劳全面发展的社会主义建设者和接班人是教育工作者的重要任务。

"天下兴亡，匹夫有责"，学生是祖国的未来，民族的希望。良好的人际关系和沟通能力是新时代高素质技能型人才需要具备的基本职业素养，也是一个人综合素质的直接体现。我国职业院校人才培养的目标之一是培养学生具有良好的社会适应能力和专业技能，能妥善处理在各个场合、环境中错综复杂的人际关系。做好学生人际关系与沟通教育，是学生顺利完成学业的基础，是落实以人为本的科学发展观和习近平总书记"四个全面"战略部署的重要体现，也是保持社会和谐稳定的重要环节。如何培养学生适应学校、家庭、社会、职场，如何使学生在学习、日常生活、就业和创业道路上少走弯路，以及如何帮助学生在走向社会后尽快适应社会中复杂的人际关系，是教育工作者不可推卸的责任和义务。与此同时，"人际关系与沟通"课程也开始受到越来越多职业院校的关注和重视，已有不少院校将此课程作为面向所有专业学生开设的公共必修课，甚至打造成了精品课、"金课"。

在此背景下，作者坚持聚焦为党育人、为国育才的使命任务，全面准确地领会和融入二十大精神，充分发挥教材的铸魂育人功能，根据多年中职和高职的实际教学及工作经验，在吸取该领域先进理论成果的基础上，紧密结合学生学习、生活实际，在专家的指导和各位编者的共同努力下编写了此书，旨在帮助学生适应学校、适应家庭、适应社会，热爱学习、热爱生活、广交挚友，增强自我适应、自我成长、自我保护的意识和能力。

本书共分为十章，内容包括人际关系与沟通、自尊自信、语言沟通、书面表达、校园沟通、家庭沟通、网络沟通、职场沟通、社会交往、冲突解决等。本书紧紧围绕学生学习、生活、工作和成长的各个方面，是学生"人际关系与沟通"相关教育课程的必备教材，也是愿意培养良好沟通能力朋友的有益读本。

本书以学生需求和兴趣为导向，附有大量案例、图片、小故事、二维码视频等资料，力求达到让学生喜闻乐见且愿意翻书学习之目的。为帮助学生更好地理解所要讲述的内容，本书首先在每章增加了思考讨论、典型案例、自我拓展练习等内容，以期能达到让学生知行合一、学以致用的效果；其次特别增加了网络沟通等方面的知识，力求做到与时俱进；最后提供了较为实用的法律条文等内容，有利于引导学生健康成长。本书既便于阅读和掌握理论知识，也便于进行课外实践练习；既便于教师教学，也便于读者自主学习。

本书由山东劳动职业技术学院解金键、李家俊担任主编，崔晓柳、耿际华、宋俊生、张宏伟、于超（山东商业职业技术学院）、赵君利（山东圣翰财贸职业学院）担任副主编，安爱红、吴春燕、于慧、韩吉祥、孙欣、鞠杨秀、陈敏、杨传旺、于亚宁、朱振德、刘燕、李玉强（山东天鹅棉业机械股份有限公司）、丁娜娜（重汽汽车金融有限公司）、王大鹏（齐河双百数码影像设备有限公司）等参编；许有财担任主审。本书编写分工如下：前言由解金键编写，第一章由宋俊生、于亚宁负责编写，第二章由张宏伟、耿际华、于超负责编写，第三章由解金键、李家俊、刘燕负责编写，第四章由安爱红、陈敏负责编写，第五章由崔晓柳、丁娜娜负责编写，第六章由吴春燕、赵君利负责编写，第七章由于慧、杨传旺负责编写，第八章由韩吉祥、朱振德负责编写，第九章由孙欣、李玉强负责编写，第十章由鞠杨秀、王大鹏负责编写，最后由解金键、李家俊统稿。

在编写本书过程中，我们借鉴了有关专家和学者的教材、著作以及相关材料，并引用了其中的一些内容和案例，在此表示诚挚的谢意。

由于时间仓促，编者水平有限，书中难免存在疏漏和不足之处，恳请专家和广大读者批评指正。

编　者

2024 年 6 月

目 录

第一章　人际关系与沟通——将心比心，推诚相见 　1

第一节　定义概述，束广就狭 　2
第二节　重要意义，要言妙道 　8
第三节　常见问题，澄源正本 　12
第四节　原则技巧，通达谙练 　18
小结 　25
自我拓展练习 　25

第二章　自尊自信——胸有成竹，从容不迫 　27

第一节　认识自我，接纳自我 　28
第二节　自我提升，吐故纳新 　35
第三节　积极心态，朝气蓬勃 　38
第四节　尊重对方，双方互信 　44
小结 　50
自我拓展练习 　51

第三章　语言沟通——谈笑风生，妙语连珠 　52

第一节　学会倾听，虚怀若谷 　53
第二节　日常表达，真心诚意 　60
第三节　课堂发言，娓娓道来 　66
第四节　公众演讲，出口成章 　69
小结 　75
自我拓展练习 　75

第四章　书面表达——文从字顺，妙笔生花 　76

第一节　阅读思考，远见卓识 　77
第二节　字体临摹，铁画银钩 　83
第三节　请假通知，言简意赅 　88

第四节　书信邮件，一丝不苟 ······················· 94
   小结 ··· 97
   自我拓展练习 ·· 97

第五章　校园沟通——良师益友，莫逆之交 ···················· 98

   第一节　师生沟通，恩泽相报 ······················· 99
   第二节　同学沟通，莫逆于心 ······················· 106
   第三节　室友沟通，同室为亲 ······················· 113
   第四节　和谐校园，井然有序 ······················· 119
   小结 ··· 123
   自我拓展练习 ·· 124

第六章　家庭沟通——欢聚一堂，其乐融融 ···················· 126

   第一节　长辈沟通，听从教诲 ······················· 127
   第二节　同辈沟通，棣华增映 ······················· 133
   第三节　待客之道，宾至如归 ······················· 138
   第四节　和谐家庭，阖家美满 ······················· 143
   小结 ··· 146
   自我拓展练习 ·· 147

第七章　网络沟通——克己慎独，守心明性 ···················· 148

   第一节　网络礼仪，礼尚往来 ······················· 149
   第二节　注意事项，与人为善 ······················· 154
   第三节　观点表达，实事求是 ······················· 159
   第四节　谨言慎行，遵纪守法 ······················· 163
   小结 ··· 168
   自我拓展练习 ·· 168

第八章　职场沟通——群策群力，和衷共济 ···················· 169

   第一节　求职技巧，处之怡然 ······················· 170
   第二节　领导沟通，条分缕析 ······················· 176
   第三节　同事沟通，敬业乐群 ······················· 181
   第四节　客户沟通，和颜悦色 ······················· 187
   小结 ··· 191
   自我拓展练习 ·· 192

第九章　社会交往——相与有成，芝兰之交 ···················· 193

   第一节　日常生活，面面俱到 ······················· 194
   第二节　邻里之间，和睦相处 ······················· 199

  第三节 社会交友，左右逢源 ··· 204
  第四节 文化交流，积厚流广 ··· 207
  小结 ·· 213
  自我拓展练习 ·· 213

第十章 冲突解决——和而不同，美美与共 ································· **215**

  第一节 认识矛盾，平心静气 ··· 216
  第二节 积极磋商，攀向成功 ··· 221
  小结 ·· 227
  自我拓展练习 ·· 227

主要参考文献 ·· **230**

第一章
人际关系与沟通
——将心比心，推诚相见

导读：

现代社会是一个注重信息和情感交流的社会（图1-1），不懂得交流容易失去拓展生存空间和学习他人的机会，也意味着心理的自我封闭和情感交流的枯竭。人具有社会属性，沟通是个人生存的一种需求，更是个人发展的基本技能。沟通在人际关系协调中起着重要作用，是人际关系发展的前提和条件，两者相辅相成，拥有良好的人际沟通能力能够在为人处世中游刃有余。

图1-1 "一带一路"交流

学习目标

知识与技能目标：了解人际关系与沟通的内涵和重要意义，掌握人际关系和沟通的概念、特点、原则、技巧等基本知识；

过程与方法目标：知己知彼、知行合一，通过案例、情景剧等形式，掌握人际关系的基本理论；

素质目标：用理性的心态和心理正确看待人与人之间的关系和沟通，塑造良好的人际关系沟通的基础。

学习重点

人际关系与沟通的概念、特点、原则、技巧。

人际关系与沟通

学习难点

理论联系实际，学会人与人之间的沟通技巧和方法，树立正确的交往观。

第一节 定义概述，束广就狭

导 入

新学期伊始，16岁的浩浩即将步入寄宿制学校，开启独立生活和学习模式，但在入校不久便打算退学。浩浩写得一手好文章，还弹得一手好钢琴，入校不久，其就因文笔出众，被校内文学社团破格录取为会员。浩浩班主任说，"听说他要退学，大家都很惊讶"。浩浩要退学的理由非常简单，他总觉得同学们瞧不起他，总在背后谈论他，以至于他感觉大家都挺虚伪的，一回到寝室，就胸口发闷，甚至觉得活着没意思。其他任课老师们也描述说，当浩浩讲到这一点时，就变得异常烦躁，竟然泪流满面。

思考讨论：
1. 浩浩遇到了什么问题？
2. 浩浩为什么会遇到这样的问题？

一、人际关系

（一）人际关系概念

人际关系是指人与人之间，在一段过程中，彼此借由思想、感情、行为所表现的吸引、排拒、合作、竞争、领导、服从等互动的关系（图1-2）。人际关系包括三种成分：认识成分（指相互认识、相互了解）、动作成分（指交往动作）和情感成分（指积极情绪或消极情绪、爱或恨、满意或不满意），其中情感成分是核心成分。

图1-2 人际关系

人际关系反映了交往双方需要的满足程度。若交往双方能互相满足对方的需要时,就容易构建亲密的人际关系;反之,则容易造成人际排斥。

(二) 人际关系的特点

人际关系的主要特点包括个体性、直接性和情感性。

1. 个体性

人际关系的第一特点就是个体性,"教师"与"学生"、"领导"与"下属"等角色地位在人际关系中退居到次要地位,而对方是不是自己所喜欢或愿意亲近的人成为主要问题,这就是人际关系的个体性特点的表现。

2. 直接性

人际关系是人们在面对面的交往过程中形成的,个体可切实感受到它的存在,例如面对面握手(图1-3),而没有直接的接触和交往则不会产生人际关系,人际关系一经建立,就一定会被人们直接体验到、感觉到。

3. 情感性

人际关系的基础是人们彼此间的情感活动,情感因素是人际关系的主要成分,人际间的情感倾向有两类:一类是使彼此接近和相互吸引的情感(图1-4);另一类是使人们互相排斥分离的情感。若人们在心理上的距离趋近,个体就会感到心情舒畅,如若有矛盾和冲突,则会感到孤立和抑郁。

图1-3 面对面握手

图1-4 相互吸引的情感

二、沟通

(一) 沟通的含义

沟通是人与人之间、人与群体之间思想与感情的传递和反馈的过程,以求思想达成一致和感情的通畅。这种过程不仅包括口头语言和书面语言,也包括形体语言、个人的习气和方式,以及物质环境等任何赋予信息含义的东西。

(二) 沟通的特征

人们每天都在频繁地进行着各种各样的沟通和交流,例如网络沟通(图1-5)、电话沟通、面对面沟通等。通过相互沟通分享信息，对事务进行决策，同时沟通也影响和改变着人们的生活。沟通具有以下四大特征。

图1-5　网络沟通

1. 随时性

人们每天随时随地进行着沟通，从商量着要做的早餐到工作中分配的任务；从在学校宿舍的谈心到教室里对知识的讨论。作为群居动物的人们随时都在与周围的同伴进行着沟通。

2. 双向性

有效的沟通是建立在双方的互动、互相交流信息的基础上，即双向确认（图1-6）。我们一边接收信息，一边对信息加以理解分析后进行反馈，这样能对互相之间的沟通得出相应的结果。如果只是接收信息而不进行反馈，则变成沟而不通，只能是无效的沟通。

图1-6　双向确认

3. 情绪性

信息的收集会受到传递信息方式的影响。用不适当的情绪方式来传递信息，接收方会对信息产生错误的判断，从而误解对方所传递的信息，这样也会形成无效的沟通。

4. 互赖性

沟通的结果是由双方决定的。双方在沟通交流中，进行着信息的交流与反馈，不断更改着双方对沟通内容的不同意见，直至意见趋于统一，双方便停止沟通。

（三）沟通技巧

沟通是人类生存很重要的一课，沟通的种类多式多样（图1-7），有语言沟通、表情沟通、行为沟通等,但如何把话说得更有艺术性,如何跟他人进行很好的交流、沟通是十分重要和关键的,良好的人际关系沟通是需要有技巧的,具体如下:

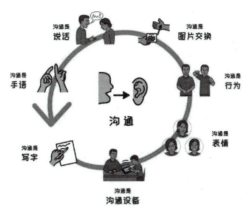

图 1-7　沟通种类

1. 了解人和人性

人首先是对自己感兴趣,而不是对其他事物感兴趣,换句话说,一个人关注自己胜过关注别人或别的事物。

2. 巧妙地与别人交谈

在与别人交谈时,对方最感兴趣的话题是他们自己。在交流沟通时应尽量使用"您"或"您的"这些词,而不是使用"我""我的"这些词,重要的是要学会引导别人谈论他们自己。

3. 发言要恰如其分

要明白和清楚自己所说的内容,如果你不知道自己要说什么,就不必站起来,更不要开口。在说完后,就马上坐下,没有人会因为你讲得少而批评你。在说话时,要注视着听众,谈论一些听众感兴趣的话题,不要试图演讲,说话要恰到好处,保持自己的本色就是恰到好处。

4. 赞同别人

学会赞同和认可,努力将自己培养成一个自然而然赞同别人和认可别人的人。当你赞同别人时,一定要说出来。比如,有力地点头并说"是的""对",或注视着对方眼睛说:"我同意你的看法""你的观点很好",或者竖起自己的"大拇指"(图1-8)。当你不赞同别人的观点时,不用直接否定,而是抛出自己的观点,让大家分析讨论。

图 1-8　赞同手势

三、人际关系沟通的类型

（一）以自我为中心型

以自我为中心型的表现：在与别人交往时，"我"字优先，只顾及自己的需要和利益，强调自己的感受，而不考虑他人（图1-9）。在与他人相处时，不顾场合，不考虑他人的情绪，若自己高兴了，就高谈阔论，眉飞色舞；若自己不高兴了，就郁郁寡欢，乱发脾气，漠视他人的处境和利益。

图1-9 自我中心

（二）自我封闭型

人际关系沟通的自我封闭型有两种情况，一种是不愿意让别人了解自己（图1-10），总喜欢把自己的真实思想、情感和需要掩盖起来，只注重自己的内心体验，在心理上人为地建立屏障，故意把自我封闭起来；另一种是虽然愿意与他人交往，但由于性格原因却无法让别人了解自己。

图1-10 自我封闭

（三）社会功利型

任何人在交往过程中都有这样或那样的目的、想法，也都有通过交往得到提高、进步的愿望，而且这些都是好的。但是，如果过多地考虑交往中的个人愿望，利益是否能够实现，实现的可能性有多大等，就很容易被拜金主义、功利主义等错误思想拉拢腐蚀，将个人交往带上极其浓厚的功利色彩。比如，把市场经济通行的"等价交换原则"用于人际交往，靠吃吃喝喝建立感情，靠拉拉扯扯实现个人目的；"唯利是图"、大利多交、小利少交、无利不交；冷落不能给自己"实惠"的人，滥交乱捧能给自己"实惠"的人。

（四）猜疑嫉妒型

猜疑嫉妒心理在交往中的表现为，以一种假想目标为出发点进行封闭性思考，对人缺乏信任，胡乱猜忌，说风就是雨，很容易被暗示（图1-11）。猜疑是人际关系和谐的蛀虫，切忌"嫉贤妒能"，如若自己不能够很好地调整心态，则很容易让自己陷入两难境地，且产生心理落差和忌妒心理，轻者出现躲避行为，重者出现精神妄想、自杀甚至犯罪等情况。

图1-11 胡乱猜想

（五）江湖义气型

江湖义气型即热衷于江湖义气，对所谓的江湖好汉、义士崇拜得五体投地，与其他同学称兄道弟，忽视法纪、校规、集体利益，不惜为哥们儿"两肋插刀"（图1-12）。其实，这是一种狭义的友情认知。实际上，"江湖义气"是封建社会的产物，是维护个人和小团体私利的宗派团伙意识的反映，它与以友谊为基础的朋友之间的关系有着本质的区别。在平时交往中，一定不能搞小团体、小圈子，应当坚持团结合作，珍惜与每一个人之间的情谊，这样才能做到"人伴贤良智更高"。

图1-12 江湖义气

第二节　重要意义，要言妙道

导入

浩浩假期兼职，刚刚办理完一个业务回到公司，便被主管马×叫到了办公室。对话如下。

马×："浩浩，今天业务办得顺利吗？"

浩浩："非常顺利，马主管。"浩浩兴奋地说，"我花了很多时间向客户解释我们公司产品的性能，让他们了解到我们的产品是最合适他们使用的，并且在别家拿不到这么合理的价钱，因此很顺利就把公司的机器推销出去一百台。"

马×："不错，"马主管赞许地说，"但是，你完全了解了客户的情况吗？会不会出现反复的情况呢？我们部门的业绩和推销出去的产品数量密切相关，如果他们把货退回来，那么对于我们的士气打击会很大，你对那家公司的情况真的完全调查清楚了吗？"

浩浩："调查清楚了呀。"浩浩兴奋的表情消失了，取而代之的是失望的表情，"我先在网上了解到他们需要供货的消息，又向朋友了解了他们公司的情况，然后才打电话到他们公司去联系的，而且我是通过你的批准才出去的。"

马×："别激动。"马主管讪讪地说，"我只是出于对你的关心才多问几句的。"

浩浩："关心？"浩浩不满道，"你是对我不放心吧！"

思考讨论：
1. 主管马×与浩浩的做法对吗？沟通不畅是谁的错？
2. 主管马×与浩浩该如何做？

一、有效沟通

有效沟通是通过听说读写等思维的载体，以演讲（图1-13）、会见、对话、讨论、信件等方式准确、恰当地表达，促使对方接受自己的观点，从而将自己的信息、思想和情感准确无误的表达出来的过程。有效沟通是人们展现自我，促进发展必须具备的一种素质。

图1-13　演讲

二、有效沟通必备要素

达成有效沟通须具备两个必要条件：信息的准确性和信息传递的修正。

（一）信息的准确性

信息发送者必须要确保自己所要传递的信息能够被清晰、恰当地表现出来，以便信息接收者能准确理解，即信息的靶向定位（图1-14）。公开的信息并不意味着简单的信息传递，更重要的是信息的内涵，如果传递的信息含混不清或者有歧义，那么这条信息对于信息接收者而言就没有任何意义了。而这种不清晰、难以使人理解的信息，就会导致沟通的无效。

图1-14　信息的靶向定位

（二）信息传递的修正

信息发送者应该随时密切注意信息接收者的反应，并根据信息接收者的反应及时修正信息的传递。有效沟通是一种动态的双向行为，一方面信息发送者将自己所要表达的信息清楚、明白地传递出去；另一方面信息的接收者在接收信息后总会流露出自己对信息的态度。此时，信息发送者应该根据接收者的反应，及时、充分地给予反馈。例如，当信息接收者对信息感到困惑时，信息发送者应该针对信息给予更深入的讲解。只有沟通交流的双方对问题的看法达到一致，才是真正的有效沟通。

三、有效沟通的重要性

有效沟通，事半功倍

（一）学校中的有效沟通

1. 有效沟通可增进同学间的友谊

每个人都渴望他人能够理解自己，而学生正处于心理和生理的活跃期，这种渴望更加明显。通过有效的沟通，同学间彼此了解，互相说出自己内心的想法，在被同学理解的同时，也深入地理解周围的同学，能够化解平时学习和生活中的矛盾，减少摩擦，使彼此之间的关系更融洽，友谊更深厚，如图1-15所示。

图1-15　融洽的同学友谊

2. 有效沟通可避免悲剧的发生

近年来，学生自杀事件频频发生，其中一个重要的原因就是学生心态过于复杂，且未与家长、老师及时沟通。学生是感情最为丰富的群体，他们的心理活动变化剧烈，只有及时、有效地与家长、老师进行沟通，疏解内心深处的困惑和焦虑，才能方便家长、老师对其进行疏导，或者教育。

（二）企业中的有效沟通

从一定意义上说，现代企业管理的过程，实际上就是沟通行为的过程。有效沟通是现代企业管理得以实施的主要手段、方法和工具，也是做好员工思想政治工作，实现企业和谐发展的重要基石。管理学中认为，沟通实际就是社会中人与人之间的联系过程，是人与人之间传递信息、沟通思想和交流情感的过程。企业要通过沟通看到员工在不断地变化和成长，员工要通过沟通与交流看到企业的美好未来，二者通过有效沟通与交流产生一种思想共鸣。

1. 有效沟通有助于提高决策的质量

一个企业，无论做任何决策都必须充分了解自身的信息。此时，管理者就需要从广泛的企业内部的沟通中获取大量的信息情报，然后进行决策，从而迅速解决问题。只有通过有效沟通，管理者才能获得最充分、翔实的信息，也才能做出最有利于企业的决策，即精准决策，如图1-16所示。

图1-16　精准决策

2. 有效沟通可促使企业员工之间协调有序地工作

企业中各个部门和各种职务是相互依存的，依存性越大，对协调的需求越高，而协调只有通过有效沟通才能实现。通过有效沟通，员工之间能够增进彼此之间的了解，进而加深彼此之间的默契，工作效率更高，协调也会更有序，如图1-17所示。

图1-17　协调有序

3. 有效沟通有助于提高员工的士气

有效沟通有利于领导者激励下属，建立良好的人际关系和组织氛围，提高员工的士气。除了技术性和协调性的信息外，员工还需要获得鼓励性的信息。沟通可以使领导者了解员工的需要，关心员工的疾苦，在决策中考虑员工的要求，以提高员工的工作热情。如果领导的表扬、认可或者满意能够通过各种渠道及时传递给员工，就会对员工形成激励。

四、人际交往与沟通的意义

在社会活动中，人与人之间需要进行交往，人际交往运用语言等方式和他人进行信息交流、情感沟通，即人际沟通。人际沟通在人际关系协调中起着重要作用。人际沟通是人际关系的前提和条件，人际关系是人际沟通的基础，两者是相辅相成的。人们只有通过相互沟通才能产生相互影响、相互了解，也才能达到行动上的协调一致，实现共同的活动目标。人际沟通的意义主要体现在以下几方面。

（一）人际沟通是人们适应环境、适应社会的必要条件

沟通是人与人之间发生相互联系的最主要的形式。通过沟通，我们可以了解周围许多情况，比如哪些是有利的，哪些是不利的，从而及时调整我们的行为，使我们的目标得以实现。

（二）人际沟通有助于人们的心理健康，促进良好个性的形成

人际沟通是人类最基本的社会需求之一，同时也是人们同外界保持联系的重要途径。通过沟通，可以保证个人内心的安全感，增强人与人之间的亲密感（图1-18）。如果沟通的需要得不到满足，就会影响个人的身心健康。

图1-18 亲密的人际关系

（三）人际沟通是心理发展的动力，有助于形成健全的人格

通过沟通，人与人之间交流各种各样的信息、知识、经验、思想和情感等，为个体提供了大量的社会性刺激，从而保证了个体社会性意识的形成与发展。随着年龄的增长，个人与他人沟通的范围日益广阔，接受各种社会思想，形成一定的道德体系，逐渐完成各个年龄阶段的人生发展课题，社会意识由低级向高级迈进，形成健全的人格特征以适应复杂的社会生活。

第三节 常见问题，澄源正本

> **导入**
>
> 菲菲是一所职业院校的一年级新生，她来自安徽省，从小在农村长大，有一个姐姐和一个弟弟，在家里经常被忽视。父母在家务农，对孩子们的关心和照顾比较少，姐弟三人经常跟爷爷奶奶生活。菲菲进入职业院校后，与另外三名同学共同居住在一个寝室（图1-19），其中两名同学是本地人，另一位同学叫乐乐，虽然乐乐非本地人，但是从上小学五年级开始，乐乐就跟随父母来本地读书，只有菲菲是"纯"外地人。起初，寝室的四个人相处非常融洽，偶尔会有些生活上的小摩擦，但大家也都一笑而过。久而久之，菲菲感觉乐乐的性格有点强势，脾气古怪，为人处世有些霸道，两个人出现过小矛盾，虽然后来都化解了，但也在两个人的心里面都留下了疙瘩。
>
>
>
> 图1-19 职业院校寝室

思考讨论：
1. 菲菲与乐乐为何会出现问题？
2. 在进入职业院校后，我们的人际关系会面临哪些挑战？

一、学生常见人际关系心理倾向

（一）以自我为中心倾向

职业院校的学生以独生子女居多，从小受到过多的呵护甚至溺爱，自觉或不自觉地形成了以自我为中心的价值观（图1-20）。在人际交往中，这些学生习惯从自己的立场、观点出发，很少顾及他人的感受和想法，说话、做事有时会不顾场合、不考虑他人的情绪。

图 1-20 唯我独尊　　　　　　以自我为中心的人，请看这里

（二）自我封闭倾向

有些学生在人际交往中存在自我封闭倾向（图1-21），拒绝与人交谈和沟通，总是生活在自己的世界中，内心常常伴随着恐惧、妒忌、自卑等情绪，主要表现如下。

图 1-21 自我封闭　　　　　　自我封闭是一种什么体验

1. 恐惧

恐惧是在进行人际关系交往时出现的一种情感反应，一般主要表现为：害怕见生人，在有异性在场的情况下，可能会显得紧张、焦虑，主要表现为出汗、脸红、说话结巴等。

2. 嫉妒

嫉妒是在交往中，发现自己在才能、地位、名誉或境遇等方面不如他人而产生的一种愤怒、怨恨、羞愧等的复杂情感。在生活中，因嫉妒引起的人际关系紧张、疏离的可谓是不胜枚举。

3. 自卑

自卑常见的表现是悲观、孤僻、忧郁、自我封闭，在社交场合表现拘谨、不敢抛头露面、害怕当众出丑，这是因过低评价自己而造成的消极情绪（图1-22）。产生自卑感的原因有很多，主要有自我评价过低，人际交往经验少，缺少特长，耐挫性差，生理、生活条件相对不足等。有些学生喜欢用自傲来掩饰自卑的心理，且喜欢与人争论，具有较强的攻击性，也会导致人际关系紧张。

4. 情绪自控能力弱

当一个人不顺心时，很容易产生愤怒之情，如发脾气（图1-23），自控能力也随之下降。有人比喻这种发泄愤怒的方式好像是仙人掌碰人，在刺伤别人的同时，也会伤及自己。

图1-22　自卑心理

图1-23　暴躁

5. 怯懦

怯懦者好面子，害怕给人留下不好的印象，习惯于迁就、忍让，甚至忍气吞声、唯唯诺诺，这种个性往往给个人交往带来诸多不利。

（三）社会功利化倾向

在交往过程中，大家都有这样或那样的目的和想法，对人有用即交往、有求即结识的功利意识较强（图1-24）。但是，在交往中过多地考虑个人愿望或利益，就会很容易被拜金主义、功利主义等错误思想腐蚀，给个人交往带上浓厚的功利色彩。

（四）虚拟化社交倾向

随着网络技术的发展，虚拟世界开始成为学生的精神家园，甚至无法自拔（图1-25）。网络是一把双刃剑，在给我们的生活和学习带来便利的同时也会带来了许多的隐患，其中网恋、非法网站、网络游戏就像裹着糖衣的炮弹射向大家。

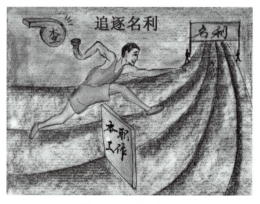

图1-24　追逐名利

图1-25　沉迷

当今社会,如果一个学生不会上网、没有微博、没有微信、没有小红书,那是不可思议的。而有些人由于过分沉溺于虚拟的世界,在现实生活中遇到挫折时,就会采取"宁信机、不信人"的态度,沉溺于虚拟空间,不愿直面现实生活。

二、学生人际关系障碍产生的原因

学生人际关系障碍指学生在实际生活中难以与他人和谐相处或进行正常的交流与沟通,个体为此感到苦恼,常体验到负面情绪。

(一)常见的人际交往障碍

1. 人际交往障碍之一:语言障碍

由于人们的语言修养不同、表达能力不同,因此对同一种观点或事物,有的表达得很清楚,有的则可能词不达意;对同一种信息,有的听了就能理解,有的则可能不知其所以然。尤其是在我们这样一个拥有多种方言的国度里,用不同的方言表达思想时,就更容易产生语言上的障碍(图1-26)。职业院校的学生来自五湖四海、大江南北,人际交往中存在语言障碍更是不可避免的。人与人之间的信息沟通主要是借助语言来进行的,从严格的意义上讲,不善于运用语言就会降低人际交往成功的概率。在学校里,语言障碍不仅是同学之间、师生之间交往的一道屏障,也是影响教学质量的一个重要因素。

图1-26 就是说不出来

2. 人际交往障碍之二:认知障碍

认知障碍是由于错误的认知而引起的一种障碍。在学生的人际交往中,认知障碍主要表现为存在自卑心理、嫉妒心理和猜疑心理等。自卑心理的实质是对自我缺乏正确的认识,过低地估价自己的能力和品格。有自卑心理的学生,缺乏交往的主动性,既想与人交往又怕与人交往,既想发表自己的见解又不敢发表自己的见解,总担心别人看不起自己。

3. 人际交往障碍之三:个性障碍

个性障碍是一种由交往双方的个性意向(需要、兴趣、动机、理想、信念等)和个体心理特征(气质、性格、能力等)的差异而引起的障碍。由于人的个性比较稳定,且具有习惯化的特点,因此由个性心理品质引起的障碍较之其他障碍更难消除。这种障碍主要表现在以下几个方面。

第一,为人虚伪。在与虚伪的人交往时,人们常会担心上当受骗,有一种不安全感。

第二,骄傲自满。这种人认为自己很了不起,或恃才自傲,给人一种威胁感;或自吹自擂,使人难以相信,如图 1-27 所示。

第三,独来独往。别人不愿意与其亲近,自己也不想与别人亲近,总觉得与人交往是一种负担。

第四,苛求于人。不切实际地对对方提出要求,挖空心思地挑剔他人,这也不称心,那也不如意,常使周围的人内心感到不快。

第五,不尊重人。置周围人的存在于不顾,常常挫伤他人的自尊心,破坏他人的社会心理需要的满足。

第六,报复心强。受不得半点委屈,甚至会无端地报复别人。

第七,自私自利。一事当前先为自己打算,与人交往以自我为中心,只关心自己,不关心他人,甚至为了自己的利益不惜损害他人的利益。

图 1-27　骄傲自满

(二)产生人际关系障碍的原因

1. 主观原因

首因效应:也称为第一印象或最初印象,是指交往中首次获得的信息对交往对象给出以后的评价或印象产生的影响,即人们通常所说的"先入为主"的初印象,如图 1-28 所示。

图 1-28　初印象

近因效应：是指最新出现的刺激物促使印象形式的心理效应。近因效应在人际交往、面试、经济决策等多个领域都有所体现，它揭示了人类记忆的一种偏向，即人们更容易记住最近发生的事件，并受这些事件的影响。

刻板效应：笼统地把个体划分为固定、概括的类型的现象即为刻板印象。这种效应在人们生活中广泛存在，例如粗略地划分北方人豪爽粗犷、南方人精明仔细等。

首因效应：交往双方形成的第一次印象对今后交往关系的影响　　近因效应：为何只能记住结尾　　刻板效应：别让记忆中的刻板挡住你的人缘

投射效应：人际关系中的投射效应类似于"以小人之心度君子之腹"，是指与人交往时把自己具有的某些不讨人喜欢、不为人接受的观念、性格、态度或欲望转移到别人身上，认为别人也如此，如图1-29所示。

图1-29　投射效应

投射效应

2. 客观原因

第一，环境和角色的变化。学校是整个社会的缩影，大多数新生面临着适应环境和角色转换的迫切需求，若不适应这个转变就会导致一些人际交往方面的问题。

第二，经济因素。在每个学校里都有贫困生，这些贫困生往往因自己家境贫寒而自卑，在人际交往中表现为心理上缺乏信心，行为上采取逃避、退缩的应对方式。贫困学生经济上的拮据和消费需求之间产生的尖锐矛盾也成为他们人际交往的一个重要障碍。

三、人际关系障碍的应对策略

（一）正确地认识自己

首先，要正确认识自我。每个人都有优点和缺点，职业院校的学生必须要

图1-30　镜子中的自己

全面客观地认识自己,并找准自己的定位(图1-30)。其次,在自己所处的环境里,一旦发现问题就及时调整,使自己能够更好地融入环境。

(二)优化自己的性格

外向的性格有利于人际交往和心理健康,具有心理障碍的人大多数是因为内向、孤僻造成的。所以,性格内向的学生要树立正确的人生观、价值观,积极参加集体活动和社会实践,学会主动与人交往,在交往过程中让自己的性格逐渐变得活泼开朗。

(三)提高人际交往的技巧

学生人际关系障碍产生的直接原因是缺乏人际交往的技巧。学生要学习人际交往的理论和技巧,并将所学运用到实际交往中,并学会塑造自己、提升表达能力、多关怀他人。

(四)包容和互相尊重

在现实生活中,当事人可能因为各种原因(如忙碌、误解、沟通不足等)而忽略了对方的感受和需要,此时采取换位思考,站在对方的角度看问题,学会包容和互相尊重,一切问题都会迎刃而解。

第四节 原则技巧,通达谙练

导入

有一位年轻的母亲因生活所迫,肩负起了照顾婆婆和孩子的重任。她每天都起早贪黑地工作,晚上还要打理家里的一切,虽然艰辛,但她毫无怨言。她每天晚上回家做的第一件事就是给自己的婆婆端洗脚水,帮婆婆洗脚,这俨然已成为一道温馨而又特殊的风景。

有一天,这位年轻母亲为婆婆洗完脚回房间时,看到自己的儿子晃晃悠悠地端来一盆水,她感到非常惊讶。这时,她的孩子用稚嫩的声音认真地说:"妈妈,洗脚",如图1-31所示。

看着如此贴心、懂事的孩子,母亲的心里暖暖的,感动得泪流满面。多懂事的孩子呀,原来她为婆婆洗脚的这一幕,已深烙在孩子心中。

图1-31 给妈妈洗脚

思考讨论:
1. 看了这个故事,你有什么感想?
2. 在人际交往的过程中我们应该注意什么?

一、人际交往的原则

(一) 平等原则

在社会人际交往中,首先要坚持相互平等的原则(图1-32)。无论是因公务相交还是私交,都要在尊重的前提下进行交往,没有高低贵贱之分,才能深交。切忌因工作时间短、经验不足、经济条件差而自卑,也不要因为自己学历高、年轻、美貌而趾高气扬。

图1-32 平等

(二) 相容原则

心理相容,即人与人之间的融洽关系,与人相处时的宽容、忍让。主动与人交往,广交朋友,交好朋友,不但交与自己性格相似的人,还要交与自己性格相反的人,求同存异、互学互补,处理好竞争与相容的关系,更好地完善自己。

(三) 互利原则

交往双方要互惠互利。人际交往是一种双向行为,故有"来而不往非礼也"之说,只有单方获得好处的人际交往关系是不能长久的。交往双方都受益的前提是互相都要付出和奉献,不仅是物质层面的,还有精神层面的。

(四) 诚信原则

交往离不开信用。信用是指一个人诚实、信守诺言的品质。古有"一言既出,驷马难追"的成语,现有"勾勾小手,一诺千金"的行为(图1-33)。做人要以诚实守信为基本准则,一旦许诺就要设法实现,以免失信于人。朋友之间要言必信、行必果。

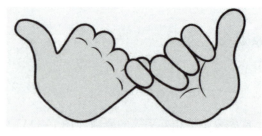

图 1-33　勾勾手

（五）宽容原则

宽容原则的表现是对非原则性问题不斤斤计较，能够以德报怨、宽容大度。人际交往中往往会产生误解和矛盾。学校里的学生个性较强，接触又密切，不可避免地会产生矛盾。这就要求学生在交往中不要斤斤计较，而要谦让大度。做到"宰相肚里能撑船"。只要我们胸怀宽广、容纳他人，发火的一方也会自觉无趣。宽容克制并不是软弱、怯懦的表现，相反，它是有度量的表现，是建立良好人际关系的润滑剂，能"化干戈为玉帛"，赢得更多的朋友。

二、人际关系沟通的措施

（一）克服交往中的认知障碍

对交往对象和交往关系的看法和态度直接影响相互之间关系发展的性质和趋向。在学生的人际关系交往中经常会出现认知的偏差和障碍，要注意避免晕轮效应、刻板印象、投射效应和角色固着。

（二）克服交往中的情绪障碍

在人际交往过程中，消极的情绪，如愤怒、恐惧、嫉妒，会影响人际交往的正常进行。学生要学会在生活中化解这些不良情绪，选择健康而有效的方式来消除这些不良情绪，面对人际交往不恐惧、不逃避，努力正视社交，调整自我价值的认知方式。

（三）克服交往中的人格缺陷

要克服交往中的人格缺陷就应树立自信心，主动与他人交往，在面对朋友时，要敞开心扉，在面对现实时，要悦纳自己，有意识地去挖掘生活中美好的事物，真诚热情待人，热爱生活，培养兴趣，改变对世界的消极看法，提高与人交往的质量。

（四）控制自身逆反情绪

人在听到和自己观点不同意见的时候，本能的反应就是抵抗，但这种行为和表现是不健康的，要学会控制和管理好自己的情绪（图 1-34）。在抵抗情绪的带动下，人很难清醒地分析对方的观点，同时听不进去对方说的任何话语，往往在对方刚说完自己的观点就反驳，这是非常不理智的，应尽力控制自身的逆反情绪。

图 1-34 管理情绪

教你如何控制自己的情绪

（五）交往要主动

人们在交流沟通的过程中，不是其中一方领导另一方，而是双方都是活动的主体。这就是说在人际交往过程中，每一方都是积极活动着的主体，所不同的是所处地位有主次之分。但即使处于次要地位的一方，也不能被动地接收信息，机械地作出反应，而是应该根据自己的要求、兴趣去理解和分析对方的信息调整自己的言行，实现信息交流之目的。

（六）沟通要放低姿态

"我说的才是对的"这种态度只会导致沟通越来越恶化，让沟通无法进行下去。在进行沟通的时候，要尽可能放低姿态，也就是说，应当在充分尊重对方意见时，适当地表达自己的意见和主张。即使认为自己的说法没有错或者对方的意见存在问题，也应当先听对方把话说完，不同的人有不同的想法，每个人的表达能力、理解能力都不一样，有时会有对方表达失误或者自己理解有偏差的地方，所以应当放低姿态耐心倾听，如图 1-35 所示。

图 1-35 平等对话

（七）理性看待

与人沟通的时候要保持平常心，不感情用事，这是很重要的。感情用事有可能会让沟通卡在半途，无法再进行下去，甚至导致沟通的失败。如果在沟通的过程中因为感情用事而感到格外烦躁，导致注意力无法集中，那么就不得不暂停沟通，过一段时间等待心情平复后再继续沟通。

（八）与沟通对象坦诚相待

在沟通的过程中与沟通对象坦诚相待非常重要。坦诚是通过沟通加深合作关系的重要台阶，可以展现出自己的坦诚，让对方相信自己，带动对方也坦诚相见，如此才能促进沟通的顺利进行。

三、人际交往的技巧

（一）平等相处，尊重他人

人际关系的基础是人与人之间的相互支持、相互重视，平等是建立良好人际关系的前提（图1-36）。在人际交往的群体中，人无高低贵贱之分，只有尊重对方、将心比心、以情换情，达到相互间的心理平衡与理解，人际关系才会更加协调和融洽。同时，在交往中无论交往的对象身份多么平凡，形象多么普通，言行举止多么怪异，爱好习惯多么让人难以接受，你都应当尊重对方，把他放在与自己同等的位置。只有尊重他人，才会获得他人的尊重。

图1-36　平等相处

（二）不吝啬赞扬的话语，真诚地赞美别人

赞美他人，仿佛是用一支火把照亮别人的生活，也照亮自己的心田，这将有助于发扬被赞美者的美德和推动彼此友谊健康地发展。真诚地赞美会给对方带来快乐，欢乐和谐的氛围会使人与人之间的关系变得轻松融洽。每个人都喜欢被别人赞美，也都希望得到他人的认可与赏识。别人的赞美能让人身心愉悦，还能激发自豪感，有助于更好地了解自己的优点和长处，认识自身的价值。但赞美要有的放矢，也要真诚和有感而发；赞美绝不等同于恭维，既不是拍马屁，也不是阿谀奉承。在对别人赞美时要切忌夸大其词、不着边际和虚伪做作，否则，赞美会失去其作用，更不能"人前一套，人后一套"，当面说人好话，背后说人坏话，或传递其他人之间相互指责、诋毁的话，引发他人之间的矛盾。

好朋友就是
要包容

（三）宽容和谅解

没有人是十全十美的，每个人都有优点和缺点。在人际交往中我们不能以自己的主观意愿去苛求他人。不要只看别人的短处和缺点,要多想想他人的长处和优点。在人际交往过程中难免会遇到一些不愉快的人和事,如果耿耿于怀、斤斤计较,必然导致相互产生隔阂,人际关系只会越来越紧张,对人对己都没有益处,还徒增烦恼。可见,苛求他人就是苛求自己,宽容他人就是宽容自己。原谅别人能避免许多不必要的纷争,人生路就会越走越宽阔。"水至清则无鱼,人至察则无徒"说的也是这个道理。容人者,人容之。但原谅不是无原则地忍让,更不是好坏不分、软弱可欺。

(四)适当地替他人着想,切忌以自我为中心

自私是人的本能,在人际交往中,我们都会站在自己的角度思考问题,维护自己的利益;但同时我们又会非常讨厌那些为了自己利益而不惜牺牲他人利益的人。因此,在争取自己利益的同时,也要兼顾他人的利益,才能在人际交往中受人欢迎。切记不要做损人利己甚至损人不利己的事。"己所不欲,勿施于人",要学会换位思考(图1-37),多思考如果自己处在他人的位置上会怎样,如此就能理解他人,也就不会出现强求别人做到连自己也做不到的事情。

图1-37 换位思考

(五)遵守所在群体的基本规则

遵守群体规则,即意味着尊重并关注他人的需要。在集体生活中不要让自己的言行影响或者干扰其他人的正常生活。同时应当注意承担自己应尽的责任和义务,如主动打扫公共卫生,整理好自己的内务,主动为集体做一些自己力所能及的事情等。

(六)关心他人,富有同情心和正义感

每个人都有可能遇到困难,需要他人的帮助(图1-38)。当他人遇到困难、挫折,需要帮助的时候,应伸出自己的援助之手,给予别人关心、帮助和支持。一个不愿意帮助别人的人,也很难得到别人的帮助。

图 1-38　互相帮助

（七）保持独立自主与谦虚的品质

在与人交往时要有自己的主见，不要人云亦云、趋炎附势，也不要骄傲自满、目空一切，更不要总是与人抬杠。如果自己总是找出依据想证明自己如何有理、对方如何无理，处处、事事、时时要显示自己高明，那么会让人难以容忍、埋下隔阂。

（八）保持微笑和愉快的心情

微笑有助于增进大家的交流，拉近彼此之间的距离和缓解紧张冲突的气氛（图1-39）。在日常交往中要学会带着真诚的微笑与人交流。真正的微笑是真诚的、发自内心的，它能给人带来温暖，也会给人留下美好而深刻的印象。可以巧妙地运用幽默的艺术，因为幽默是语言的调味品，它能够使交谈变得生动有趣。

图 1-39　微笑的力量

（九）保持积极乐观的心态

这个社会是由形形色色的人组成的，每个人的性格、爱好、习惯和信仰会迥然不同，各有各的魅力。每个人都会有自己的喜恶，也有自己对人和对事的看法，因此，不能用自己的标准去衡量别人。在没有深入交往的情况下，不要单凭第一印象或断章取义的某句话就对一个人妄下断语或猜测。另外，我们很容易看到一件事情或一个情形的阴暗面，但重要的是挖掘其积极面。

（十）倾听并恰当地给予反馈

在与人交谈时要专注，积极倾听对方的谈话，不时地给予适当的反馈。倾听表示尊重、理解和接纳，是连接心灵的桥梁（图1-40）。在倾听时不要随意打断别人的谈话，如果要表达自己的不同看法，首先要认可当事人的想法，再礼貌地提出自己的看法，这样就会在表明自己的观点的同时避免了冲突，不伤及彼此的关系。

图1-40　努力倾听　　　　　　　　　学会倾听，比你会说更重要

小　结

人际关系是人们在社会生活中，通过物质交往和精神交往而发生、发展和建立起来的人与人之间的关系。同学们远离家乡亲人、踏入校门，面对着新的生活学习环境，同时也面临着新的挑战，在这种情况下，良好的人际关系就显得尤为重要。人际沟通是一种有意义的互动历程，人际关系与沟通的好与坏，可以看出你在社交活动中是如鱼得水还是处处碰壁。一个人在一生中要担当多种社会角色，建立良好的人际关系，就需要学会沟通，只有良好的沟通，才能在各种关系中游刃有余。

 自我拓展练习

一、人际关系的小测试

1．请你仔细阅读下面的问题，选择正确的答案。

（1）当你与同学在班级发生矛盾时，你采取的解决办法是什么？

A．谈话解决　　　B．找老师解决　　　C．用武力解决

（2）每天出入教学楼，你能谦让同学，给他们提供方便吗？

A．能谦让　　　　B．有时能做到　　　C．不能谦让

(3) 当看到同学有困难时，你会主动帮助吗？
   A. 能　　　　　　B. 有时能　　　　　C. 不能
(4) 你愿意参加集体活动，并在活动中力争为集体争光吗？
   A. 愿意参加，并能为集体争光　　　　B. 有时愿意参加
   C. 不愿意参加
(5) 星期六，小丽要和爸爸、妈妈去亚武山游玩，可是学校安排周六要举行"学雷锋"活动，如果你是小丽，你该怎么办？
   A. 参加"学雷锋"活动　　　　　　　B. 和家人一起去亚武山
   C. 哪里都不去，请假在家玩手机
(6) 你经常为学校或班级做好事吗？
   A. 经常做　　　　　B. 有时做　　　　　C. 没做过
(7) 课间上下楼你是否能自觉靠右行，为其他同学提供方便？
   A. 能做到　　　　　B. 有时能做到　　　C. 做不到
(8) 你能主动捡学校或公共场所的垃圾吗？
   A. 一定能　　　　　B. 有时能　　　　　C. 不能

2. 选项标准：选 A 得 3 分，选 B 得 2 分，选 C 得 0 分。

16~24 分：人际关系协调，具有合群、爱心、助人的精神；

8~15 分：人际关系有待改善，需要向具有合群、爱心、助人的精神方面努力；

1~7 分：应加强学习，多交朋友，多向别人请教人际交往的知识。

二、谈谈你对"人际关系与沟通"的理解与看法。

三、案例分析：

小李和小王毕业后入职同一家单位，但被分配到不同部门，小王的领导性格温和，对待下属常常以鼓励为主，而小李的领导则要求严格，一旦出错，小李就会被严厉指责，因此，小李的心情很郁闷，如果你是小王，你会如何劝导小李？

第二章
自尊自信
——胸有成竹，从容不迫

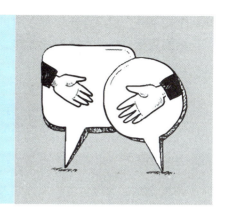

导读：

在人际交往中，自尊自信是建立、维持良好人际关系的重要组成部分（图2-1）。本章结合青春期学生的主要特征，主要讲述认识自我、接纳自我、个人提升、积极心态保持、尊重他人等方面的内容；积极引导学生能够认识自己并接受自己的优点和缺点，既不骄傲，也不自卑；保持情绪稳定，保持内心平衡，积极、乐观，充满正能量；避免"零和博弈"，客观看待问题，找到解决问题的最优解，达到互信共赢的结果；不断学习、实践，逐渐提高人际交往能力，与他人建立更加平等、和谐、健康的人际关系。

图2-1 自信

学习目标

知识与技能目标：掌握自我认识、自我提升、自尊自信等内容的知识点，增强学生主动与人交流的意识，学会建立互惠互信的良性人际关系，提高人际交往的效果。

过程与方法目标：通过学习知识、分析案例，启发学生主动进行人际沟通；通过分析案

人际关系与沟通

例故事的利弊,引导学生理解在不同状态时人际沟通的效果差异。

素质目标:引导学生形成开朗、豁达、自信的性格,养成不断提升自我的良好习惯。

学习重点

借助理论模型,认识自身特质;熟悉自我提升的常用方法;掌握保持良好的心态、满满正能量的技巧;熟悉自尊自信的注意事项。

学习难点

将理论知识切切实实融入日常人际关系的建立和沟通中;深入理解"零和博弈""互信共赢"的理念。

第一节 认识自我,接纳自我

导 入

张飞早年与刘备、关羽桃园结义(图2-2),因年纪最小而排行第三。他性如烈火,疾恶如仇,曾怒鞭督邮,并一度拔剑欲刺董卓;于长坂坡当阳桥头上一声吼,吓退曹操八十三万大军;入川时一路凯歌,义释严颜,并将其收降,直捣成都;在刘备称汉中王之后,拜张飞为右将军,封五虎上将。

张飞的死其实很憋屈:他不是在战场上慷慨赴死的,而是被自己的情绪杀死的。听到好兄弟关羽被害,他首先就抑制不住哀伤,血泪粘襟,随后借醉鞭打士兵,要他们日夜赶造兵器,想要马上为关羽报仇。最后部下范疆与张达忍无可忍,于是趁张飞醉酒时,将他刺杀在军营里。

图 2-2 桃园结义

张飞之死

思考讨论:
1. 张飞是什么性格特点的人?这种性格特点有什么利弊?
2. 你是什么样性格的人?你想成为什么样的人?

一、"我"的概念

本我、自我、超我是由精神分析学家弗洛伊德的结构理论所提出的（图2-3）。本我是人最原始的欲望，如饥饿、生气、欲望等，简单定义即本我代表所有驱力能量的来源。

自我是人格的心理组成部分，位于人格结构的中间层，其作用主要是调节本我与超我之间的矛盾。自我遵循现实原则，以合理的方式来满足本我的要求，简单定义：自我是自己意识的存在和觉醒。

超我是人格结构中的管制者，由完美原则支配，属于人格结构中的道德部分，由社会规范、伦理道德、价值观念内化而来。简单定义：超我是本我的对立面，它包含了我们为之努力的那些观念，以及在我们违背了自己的道德准则时所预期的惩罚（罪恶感）。

本我自我超我

作为现实中的个人，我们应当认识到本我、自我、超我的客观存在，客观地评价自己、接纳自己。

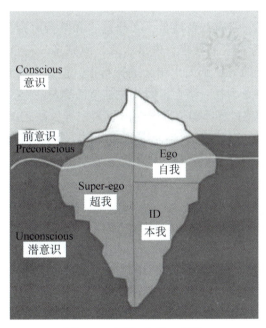

图2-3 本我、自我、超我

二、认识自我

九型人格理论相较于弗洛伊德的结构理论，使人们对自己有了更清晰的认识。该理论将人格划分为9种，研究各种人格的特点（图2-4）。分别是1号完美型、2号助人型、3号成就型、4号自我型、5号理智型、6号疑惑型、7号活跃型、8号领袖型、9号和平型。下面简要介绍9种人格类型的行为风格特点。

图 2-4　九型人格

正确认识自我

（一）1 号完美型

（1）对错、黑白分明，没有灰色地带，必须遵守和坚持原则，不可以协商，经常认为自己掌握真理；（2）高标准、高要求，做事认真、原则多，若自己出错则会自责、内疚、愤怒；（3）自律，也严于律人，别人出错会进行指正，但是不喜欢别人说自己，对别人的批评会耿耿于怀；（4）注意力在对错上，因关注细节而容易忽略全面；（5）重视成果多于重视良好的工作关系，情感世界薄弱，以理性思想为主导，缺乏灵活性；（6）为达到自己的标准，不断改进，要求"高效能"，不能容忍低效率，容易给身边的人造成压力和没有成就感，不轻易夸赞别人；（7）不惧强权，敢于向权威挑战。

（二）2 号助人型

（1）喜欢帮助别人，注意力在他人的身上，能很好地感知他人的感受和需求，不懂得拒绝别人，心肠好、人缘好；（2）因过多地关注别人的需求而忽略了自己的需求和感受，会牺牲一些本应该自己得到的利益。不主动表达自己的需求，有时候会给人被操控的感觉；（3）对爱的极度需求，认为人际关系是极其重要的，讲求"以人为本"，原则性弱，有时候缺少个人观点和主见；（4）为对方的期待而活，善于为对方的期待而改变自己的形象；（5）喜欢因被别人依赖而获得成就感，为自己能够给予和帮助他人而感到骄傲，会让自己变成对方不可或缺的人物；（6）能量来自他人，有为别人而活的感受，越具有挑战性的关系越被吸引；（7）不懂得拒绝，不懂得照顾自己的内心世界和感受；（8）强调别人的需求，忽略自己的需求，对待他人的事比对待家人的事更重视；（9）喜欢与人有身体接触，只关注人，不关注事情。

（三）3 号成就型

（1）认为目标和结果很重要，比过程更重要，为达到目标（或目的）想方设法，甚至会不择手段，忽略细节，认真拼命，不断地往前冲；（2）渴望被他人认可（图 2-5），认为只有努力争取成就和社会地位才会被人接受和欣赏，相信"无功不受禄"；（3）个人价值维系在外在的成就感上，重视个人形象、面子，为此可以吃得苦中苦；(4)是"变色龙"，对环境有很好的适应能力，可随时随地根据需要改变外在，扮演好各种角色；(5)积极正向、高能量、自信心强、竞争心强，喜欢成为众人的焦点；(6)注重做事情，忽视人及人的感受，情感薄弱，不善于表达内心的感受，害怕与自己的内心世界接触。

图2-5　渴望被他人认可

(四) 4号自我型

(1)讲究个性，渴望与众不同，追求独特的感觉，恐惧平淡(图2-6)；(2)一生追求浪漫，充满"感觉"，要有"感情"；(3)有的时候不一定善于表达自己；(4)情感区域宽阔、敏感，容易情绪化，既可以接受开心，也可以接受悲伤，甚至享受伤感；(5)遇到被别人否定的时候，往往退缩，懒得争论或者是抗辩；(6)不喜欢别人否定自己的感觉，又常常觉得别人不明白自己；(7)创造力很强，对新事物感兴趣，但也很怀旧；(8)不只与别人分享喜悦，还与别人分享悲伤；(9)很自我，有强烈的占有欲，有时候是嫉妒，有时候是羡慕；(10)我行我素，崇尚自由自在，不喜欢被约束和压制；(11)工作效率和个人情绪挂钩，不了解人情世故；(12)喜欢别人欣赏自己的个性和特质，但并不期望出名。

图2-6　追求独特的感觉

(五) 5号理智型

(1) 喜欢思考，追求知识，为的是要了解这个充满疑惑的世界；(2) 渴望能够比一般人知道得多、懂得多，喜欢运用自己的智慧和理论去驾驭他人；(3) 冷静、机智、分析力强、好学不倦；(4) 压抑情感，善于理智、有条理地去处理问题；(5) 喜欢用思考代替行动，属于"思想的巨人，行动的矮子"，将自我的需求简单化；(6) 贪求时间、空间、知识，希望了解事情的全部，而不是部分；(7) 不喜欢喧闹，喜欢独处；做事情不喜欢被别人打扰；(8) 喜欢分析事物及探讨抽象的观念，从而建立理论架构，刻意表现深度、保护隐私。

(六) 6号疑惑型

(1) 凡事做最坏的打算，分析能力强，有时会过分考虑事情的负面因素，过分谨慎，但也可以事前清晰预见障碍（图2-7）；(2) 害怕暴露自己的弱点，可能会先发制人；(3) 如果遇到困难，他们的发挥可能比顺风顺水发挥得更好；(4) 做事小心，不轻易相信他人，与他人保持一定的距离；(5) 喜欢有保障和保护，当无依靠时会挑战权威；(6) 不喜欢受人注视；(7) 在事情没有发生前，会有很多疑虑和担心；(8) 相信权威，需要团队，能为所属团队尽心尽力，忠诚稳重；(9) 安于现状，不喜欢转换新环境；(10) 为他人的事情在所不惜，没有私心，对于只关乎自己利益的事情可能不大重视。

图2-7　过分谨慎、充分思考

(七) 7号活跃型

(1) 不愿接触负面信息，以活动来逃避痛苦或者不安的感觉；(2) 乐观，不易发觉身边的问题；(3) 凡事都有选择，不停地尝试新鲜事物，深知自我娱乐之道；(4) 多才多艺，兴趣广泛，害怕重复、沉闷的事，要有变化和新鲜感；（5）不喜欢承受压力，不轻易许承诺；（6）没有阶级观念，忽视权威，认为领导和下属没有差别；（7）不断地追求刺激的经验，认为过程很重要，结果不重要；（8）精力充沛、贪食、惰性、不知足、及时行乐、以自我为中心，很少顾及他人感受。

（八）8号领袖型

（1）他人喜欢与否不是很重要，重要的是他人的尊重和敬畏；（2）团体作战，喜欢带领团队并且共进退，喜欢被很多人追随（图2-8）；（3）依赖自己的力量和实力，不靠他人，对人防卫性强，不让人轻易接近，强化"外壳"，防止受伤；（4）保护"自己的人"，不愿与弱者为伍；（5）觉得主持公道是自己的责任；（6）要控制大局，霸道，喜欢斗争、做大事；（7）不介意对抗、冲突；（8）善于衡量双方实力，从而做出决策；（9）做人处事直截了当，遇到问题立刻解决；（10）在感觉方面较迟钝，容易忽略他人的感受。

图2-8　团体作战

（九）9号和平型

（1）重视人际和谐，喜欢息事宁人，谁也不得罪，也不轻易给他人建议（图2-9）；（2）犹豫不决，不爱做决定，别人说什么他都说好，总觉得每件事情都有其优点，也认为事情自有其出路；（3）为人被动，自我意识比较弱，常常将专注力放在他人的身上；（4）不能将事情的优先次序排列清晰，会先处理紧急但非最重要的事情；（5）不坚持己见，很难拒绝别人，是"老好人"；（6）容易分散注意力，灵魂出窍；（7）有颇强烈的宿命论，因此一切听天由命；（8）在坚持正确观点时，遇到阻力容易放弃，欠缺客观。

九型人格理论描述了每种性格更高层面的认知，提示我们每天如何与自己的性格打交道，让我们真正认识自己、了解他人，找到那把人生中暗自牵引我们的命运钥匙。

思考：

想一想，你属于哪一种人格类型呢？

图 2-9 重视人际和谐

三、接纳自我

（一）接纳自我的概念

接纳自我，是能欣然接受现实自我的一种态度。接纳自我包括一能确认和悦纳自己的身体、能力和性格等方面的正面价值，不因自身的优点、特长和成绩而骄傲；二能欣然正视和接受自己现实的一切，不因存在的某种缺点、失误而自卑。

（二）接纳自我的方法

1. 了解自己

接纳自我的第一步是了解自己。了解自己的优点和缺点、兴趣和爱好、价值观和信仰等方面，可以让个体更加清晰地认识自己，从而更好地接纳自己。

2. 接纳自己的情感

情感是人类内心最深处的体验，也是个体与社会交流的重要方式。接纳自己的情感，意味着认可自己的情感需求，让自己可以更加自然地表达情感，从而获得更多的情感支持和情感满足。

3. 接纳自己的身体

身体是人类生命的载体，也是个体与外界交流的载体。接纳自己的身体，意味着认可自己的身体特点和身体需求，从而更好地照顾自己的身体，如图 2-10 所示。

图 2-10 接纳自己的身体

第二节 自我提升，吐故纳新

导入

小强来自贫困的农村家庭，是建档立卡的贫困户，家中四口人，父亲因为意外事故导致肢体残疾，还有一个不满10岁的弟弟，一家人生活的重担全部落在妈妈身上，仅靠几亩薄田维持家用。家庭的困难让他从小就深深地认识到唯有奋斗才是硬道理，唯有拼搏方可改变自己的人生（图2-11）。上学期间，小强从不迟到旷课，上课认真听讲，自习课认真完成老师布置的每一项作业，课余时间积极参加学校组织的各项活动。此外，通过竞选，小强担任了学生干部，积极承担学校和班级的管理服务工作，多次获得奖学金、优秀学生干部等各项荣誉。

在寒暑假期间，小强积极参加社会实践，他选择兼职来分担母亲的经济压力，工作尽职尽责，对待每一项任务都尽心尽力，认真工作、回馈社会。

图 2-11 自立自强

思考讨论：
1. 小强追求进步、积极进取的表现，你能感受到吗？
2. 你有没有给自己设定个目标，鞭策自己不断朝着目标前进？

一、自我提升的概念

自我提升是指通过不断努力提高自己的思想境界、内在素质和外在形象，使自己变得更加优秀和强大（图2-12）。这是一个个体在社会比较中努力保持和提升自尊的倾向，人们希望通过自我提升，对自己产生满意感、能力感和有效感。

图 2-12 自我提升

二、自我提升的参考标准

（一）与他人相比较的自我提升

个体对自我的知觉与他人对自己的知觉相比较，如果个体知觉要好于他人知觉，则个体存在自我提升。在这种界定中，他人可以指同伴、熟悉的人和一般他人等。

（二）与外在标准相比较的自我提升

通过个体对自我与外在的标准进行比较，来考察是否存在自我提升。这些外在标准通常是一些客观的成绩、绩效等，有时也可能是观察者、同伴、朋友、临床医生等对个体的评价。

三、自我提升的常用方法

（一）愿意改变

想要成为更好的人，就必须乐于改变。改变是成为期望中自我的唯一途径。许多人不愿改变，所以也很难有所成长。如果你敞开心胸接受改变，则很可能长成期望中的自己。

（二）停止找借口

当出现问题时，总是不自觉地找借口，责怪他人、抱怨客户或其他任何相关的人，但就是不觉得自己有问题，这显然是错误的思想。应该通过问题而意识到自己的错误，主动道歉、学会吸取教训，从而变成一个更好的人，如图2-13所示。

图2-13　道歉

不再为自己找借口

（三）停止愤怒

愤怒只会恶化人际关系，影响身心健康。与其生气，不如想办法化解消极情绪。愤怒不仅解决不了问题，反而会使情况变得更糟。

（四）成为榜样

当你成为某个领域的典型优秀代表之后，人们都开始以你为榜样，于是环境会约束你在言行上更加谨慎，你也不希望因为自己的思想不成熟或言行恶劣而使他人失望。比如你选择当班长，你就会恪尽职守，学习管理方法，班级同学也会监督你，这样你就会变得更优秀。

（五）原谅他人

原谅伤害过自己的人真的很难。不要做一个"记仇"的人，因为人都会犯错，与其因某人犯错而记恨某人一辈子，不如选择宽恕。尝试做个更好的人，忘记过去，原谅曾经伤害过自己的人。

（六）用心倾听

人们总是忙于应付事业、家庭和生活，每天忙忙碌碌，甚至无暇顾及他人到底在说什么。但是倾听并回应他人非常重要。如果你乐意倾听，就会有很多人变成你的好友。擅于倾听能积极改变人生。

（七）诚实诚恳

当今社会，诚实是最重要的品质（图2-14）。你可以先尝试一个月内不讲一句谎话，试着诚实做人，相信这会给你带来意想不到的好运。

图2-14　诚信

（八）做一点自己不愿意的事情

敞开心扉去尝试自己一般不会去做的事情，这有助于你成为更优秀的人。冒一次险，挑战自己，尝试去做一件以前一直害怕的事情，比如你很害怕坐过山车，但是你还是鼓足勇气去尝试一下，相信这会让你记忆深刻。如果不克服内心恐惧勇敢迈出一步，或许你永远也体会不到坐过山车的乐趣。

（九）给特别的人带去惊喜

不论是老师、同学、朋友还是亲人，都值得你准备一场惊喜。如果想送某人礼物或跟某人一起去旅行，就拿出行动方案来。

第三节　积极心态，朝气蓬勃

> **导　入**
>
> 一个健全的心态比百种智慧更有力量。
>
> ——狄更斯
>
> 越是竞争激烈，越需要调整心态，并且调整与他人的关系。
>
> ——于丹
>
> 做学问，要耐得住寂寞和清贫，要有平和的心态；不要急于求成，更不要为名利所累。
>
> ——周海中
>
> 登高必自卑，自视太高不能达到成功，因而成功者必须培养泰然心态，凡事专注，这才是成功的要点。
>
> ——爱迪生
>
> 心态改变，态度跟着改变；态度改变，习惯跟着改变；习惯改变，性格跟着改变；性格改变，人生就跟着改变。
>
> ——马斯洛

思考讨论：

1. 在日常生活中，你是否经常抱怨？是否怨天尤人？是否把不成功归咎于客观条件？是否经常吃"后悔药"？
2. 党的二十大报告提出"青年强，则国家强"，你是如何理解的？

一、积极心态的概念

积极心态是一种积极向上、健康向善的心理状态（图2-15）。积极心态是指在遇到困难和挫折时，能够以积极的态度去面对，寻找解决问题的方法，不轻易放弃，不被困难所压垮。积极心态不仅有助于我们在个人生活中获得幸福和成功，也能够影响我们的家庭、工作和社会环境。

图2-15　积极心态

积极心态成就一个人

积极心态与消极心态是相对而言的，面对生活的压力与历练，若积极心态战胜了消极心态，就会促进人的进步，从而激发人性的优点使之为善；若消极心态战胜了积极心态，就会阻碍人的进步，从而激发人性的缺点使之为恶。

积极的心态对于青少年来讲尤其重要。青少年不论何时何地，不论做什么事，都要端正自己对生活、学习的态度。要学会用积极的心态去发现生活中人和事美好的一面，热情地生活、轻松地学习，以乐观豁达的胸怀面对每一天。

二、积极心态的作用

积极心态是一种非常重要的心理状态，它可以带来很多好处，对个人、家庭和工作都有积极的影响。我们应该在生活中保持积极心态，不断地学习和实践，让自己变得更加积极向上、健康向善。

从个人角度来看，拥有积极心态有多种好处。首先，积极心态可以增强个人的自信心和勇气（图2-16）。当我们遇到挑战和困难时，积极心态可以帮助我们更加自信和勇敢地去面对。其次，积极心态可以提高个人的幸福感和满足感。当我们拥有积极心态时，我们会更加享受生活中的美好事物，更加热爱生活，从而获得更多的幸福感和满足感。另外，积极心态可以增强个人的耐力和毅力。当我们长期面对挑战和困难时，积极心态可以帮助我们更加坚定地去持续努力，追求自己的目标和理想。

从家庭角度来看，拥有积极心态也有很多好处。首先，积极心态可以帮助家庭成员更好地相处，当家庭成员拥有积极心态时，会更加宽容和理解家人，更加愿意与家人沟通和交流，从而增强家庭成员之间的凝聚力和稳定性。其次，积极心态可以帮助家庭成员更好地应对生活中的挑战和困难，让彼此更加团结和协作，共同克服困难，实现家庭的共同目标，如图2-17所示。

图 2-16　元气满满

图 2-17　实现共同目标

从工作角度来看，拥有积极心态也是非常重要的。首先，积极心态可以帮助员工更加积极地工作，当员工面对工作中的挑战和压力时，积极心态可以帮助其更努力地去工作，更积极地去解决问题，从而提高工作效率和质量。其次，积极心态可以带来更高的工作满意度和职业成就感，当员工拥有积极心态时，就会更加热爱自己的工作，更加享受工作的过程。

三、积极心态与正能量

（一）积极心态与正能量的关系

积极心态与正能量是相辅相成的关系，其中积极心态是正能量的载体，正能量是积极心态的内容。正能量在积极心态下不断拓展新的形式和内容，积极心态在正能量的支撑下向良性健康发展。

（二）新时代积极心态下正能量的体现

党的二十大报告中指出："社会主义核心价值观是凝聚人心、汇聚民力的强大力量"（图2-18）。弘扬以伟大建党精神为源头的中国共产党人精神谱系，用好"红色资源"，深入开展社会主义核心价值观宣传教育，深化爱国主义、集体主义、社会主义教育，着力培养担当民族复兴大任的时代新人。推动理想信念教育常态化、制度化，持续抓好对党史、新中国史、改革开放史、社会主义发展史的宣传教育，引导人民知史爱党、知史爱国，不断坚定中国特色社会主义共同理想。用社会主义核心价值观铸魂育人，完善思想政治工作体系，推进大中小学思想政治教育一体化建设。坚持依法治国和以德治国相结合，把社会主义核心价值观融入法治建设、社会发展和人们的日常生活。

图2-18　正能量

1. 践行社会主义核心价值观

倡导富强、民主、文明、和谐，倡导自由、平等、公正、法治，倡导爱国、敬业、诚信、友善，积极培育和践行社会主义核心价值观。富强、民主、文明、和谐是国家层面的价值目标；自由、平等、公正、法治是社会层面的价值取向；爱国、敬业、诚信、友善是公民个人层面的价值准则，这24个字是社会主义核心价值观的基本内容，如图2-19所示。

作为国家的公民和新时代的有为青年，应当恪守社会主义核心价值观，并将其作为自己学习、生活的灯塔。

第二章 自尊自信——胸有成竹，从容不迫

图 2-19 社会主义核心价值观

2. 胸怀爱党爱国的情怀

《孟子》有言："天下之本在国，国之本在家，家之本在身"。家是国的基础，国是家的延伸，在中国人的精神谱系里，国家与家庭、社会与个人，都是密不可分的。"国家好，民族好，大家才会好"，"小家"同"大国"同声相应、同气相求、同命相依。正因为感念个人前途与国家命运的同频共振，所以我们主动将家庭情感与爱国情感融为一体，从孝亲敬老、兴家乐业的义务走向济世救民、匡扶天下的担当。家国情怀宛若川流不息的江河，流淌着民族的精神道统，滋润着每个人的精神家园。作为中华民族的一分子，我们应当胸怀爱党爱国的情怀，有政治担当、有情感契合、有行为示范。

3. 青春奋进积极进取

奋进是一种精神、一种坚持、一种信念、一种力量，更是一种方向、一种希望。而青春是一种活力、一种动力、一种心态，更是一种豁达、一种率真。奋进是一种力量，生命不息、奋进不止。迎着奋进的光芒，我们会更强大；拥着奋进的希望，我们的未来会更加光明；汇聚奋进的力量，我们会更加勇敢；沿着奋进的方向，我们会更加坚强。作为青年，我们应当把青春的力量融入积极心态中，不断实现人生的升华。

四、培养积极心态的窍门

积极心态的形成非一日之功，青年人应当从多个方面、多个维度，塑造健康的、良性的语言、性格、思维和习惯。下面介绍一些积极心态培养的方法。

（一）言行举止模仿你希望成为的人

许多人总是等到自己有了一种积极的感受再去付诸行动，这其实是本末倒置。积极行动会导致积极思维，而积极思维会助推积极的人生心态。心态是紧跟行动的，如果一个人从一种消极的心态开始，等待着感觉把自己带向行动，那么他永远成不了他想做的积极心态者。

（二）要心怀必胜、积极的想法

美国工业家卡耐基说过："一个对自己的内心有完全支配能力的人，对他自己有权获得的其他任何东西也会有支配能力。"当我们开始运用积极的心态并把自己看成成功者时，我们就开始成功了。谁想"收获"成功的人生，谁就要当个"好农民"。我们决不能仅仅播下几粒积极乐观的种子，就指望不劳而获，必须不断给这些种子浇水，给幼苗松土施肥。要是疏忽这些，消极心态的野草就会丛生，夺去土壤的养分，"庄稼"最终枯死，如图2-20所示。

图 2-20 培育积极乐观的种子

（三）用美好的感觉、信心与目标去影响别人

随着行动与心态日渐积极，就会慢慢获得一种拥有美满人生的感觉。信心日增，人生中的目标感也会越来越强烈。紧接着，别人会被你吸引，因为人们总喜欢跟积极乐观者在一起。运用别人的这种积极响应来发展积极的关系，同时帮助别人获得这种积极态度。

（四）使你遇到的每一个人都感到自己重要

正如美国19世纪的哲学家兼诗人拉尔夫·沃尔都·爱默生说的："人生最美丽的补偿之一，就是人们真诚地帮助别人之后，同时也帮助了自己"。使别人感到自己重要的另一个好处，就是反过来会使你自己感到重要。在大多数情况下，你怎样对别人，别人就怎样对你。

（五）心存感激

在日常生活中，那些拥有消极心态的人常常抱怨：父母抱怨孩子们不听话，孩子们抱怨父母不理解他们（图2-21）。在工作中，也常出现领导埋怨下级工作不得力，而下级埋怨领导不够理解自己。有这么一句谚语："一个女孩因为她没有鞋子而哭泣，直到她看见了一个没有脚的人。"我们经常不会珍惜身边所拥有的，而当失去时，就会悔恨不已。

图 2-21　心存感激

（六）学会称赞别人

莎士比亚说过这样一句话："赞美是照在人心灵上的阳光。没有阳光，我们就不能生长。"在人与人的交往中，适当地赞美对方，会增强相互之间和谐、温暖和美好的感情，你存在的价值也会被肯定，从而获得一种成就感。许多杰出的音乐歌唱者或运动员之所以在后来的专业领域中能大放异彩，大多是年幼时参与歌唱、运动等活动表现优异时，受到赞赏而激发出一股自信的力量而挖掘出潜力的。

（七）学会微笑

面对一个微笑着的人，你会感受到他的自信、友好，同时这种自信和友好也会感染你，让你也生出自信和友好来，于是你和对方就会亲切起来。微笑可以增强对方的信心，也可以融化人们之间的陌生和隔阂。微笑将为你打开通向友谊之门，如果我们想要发展良好的人际关系，建立积极的心态，那么学会微笑还是非常重要的。

（八）学会一切皆有可能的思考模式

永远也不要消极地认定哪件事情是不可能实现的，首先你要认为你能，然后去尝试，再尝试，最后你就发现你确实能做到。建议你把"不可能"从你的心中铲除掉，谈话中不提它，想法中排除它，态度中去掉它，不再为它提供理由，不再为它寻找借口，用"可能"来替代它，如图 2-22 所示。

图 2-22　一切皆有可能

用嘴打乒乓球的王者

（九）放弃鸡毛蒜皮的小事情

拥有积极心态的人不会把时间精力花在小事情上，因为小事情会使他们偏离主要目标和重要事项。如果一个人对一件无足轻重的小事情做出小题大做的反应，那么，这种偏离就产生了。一个人为多大的事情而发怒，他的心胸就有多大。

（十）培养奉献的精神

奉献是一种态度、一种行动，也是一种信念。赠人玫瑰，手留余香。一句问候、一个微笑、一个赞许或者一个举手之劳，都会让人感到温暖甚至欣喜。奉献，方便了别人，提升了自己；奉献，激励了他人，也鼓舞了自己。奉献是源自内心小小的感恩的心，也是对社会和人民的感恩。常怀奉献之心的人才真正懂得人生的快乐，心有奉献之念的人才真正懂得人生的真谛，如图2-23所示。

图 2-23　心存感激

第四节　尊重对方，双方互信

导　入

战国时赵国的蔺相如奉命出使秦国，不辱使命，完璧归赵，被封了上大夫；又陪同赵王赴秦王设下的渑池之会，使赵王免受秦王侮辱。赵王为表彰蔺相如的功劳，封蔺相如为上卿。老将廉颇认为自己战无不胜，攻无不克，蔺相如只不过是一介文弱书生，只有口舌之功却比他官大，对此心中很是不服，所以屡次对人说："以后让我见了他，必定会羞辱他。"蔺相如知道此事后以国家大局为重，请病假不上朝，尽量不与他相见。后来廉颇得知蔺相如此举完全是以国家大局为重，而向蔺相如负荆请罪。之后两人和好，开始尽心尽力的辅佐赵王治理国家。正是因为蔺相如的深明大义，使廉颇形成了与之一致的价值观，并成了生死与共的朋友，两位大臣的团结友好，也使赵国的地位更加牢固，如图2-24所示。

第二章 自尊自信——胸有成竹，从容不迫

图 2-24 将相和

将相和

思考讨论：
1. 你能体会到人际交往中"尊重"的重要性吗？
2. 你是如何理解"零和博弈"与"互信共赢"吗？

一、尊重的概念

中国自古以来就是礼仪之邦，尊重是礼仪中的重要内容，尊重他人，是现代社会重要的人格品质。

尊重是一种认同和重视的态度，指对某个人或事物表示出高度的敬意和礼貌，不侵犯对方的权益和尊严，尽可能地满足对方的需求。尊重通常表现为言行举止的谨慎和周到，尽量替对方着想，理解对方的意见和权利，不轻易批判或责备对方。尊重是人际交往中的重要品质，能促进相互理解、信任和友好关系的建立，如图 2-25 所示。

图 2-25 尊重

二、尊重他人需要注意的事项

（一）坚持平等、宽容的原则

在人际交往中，平等待人是建立良好人际关系的前提。平等相待是指在人与人的交往中，平等地对待别人、尊重别人，不可居高临下或盛气凌人，也不可逢迎巴结（图2-26）。不要出于实用主义或功利主义的目的使唤别人，把别人当作自己的工具，用得着时，想方设法地笼络、甜言蜜语哄骗，用不着时，把别人抛在一边、视同路人，这样做必然破坏了交往中平等的基础。以地位、权势、金钱为标准，以及以看不起别人或者逢迎奉承的方式交往是不能长久的，也是受到人们鄙视和唾弃的。

图2-26 平等

（二）避免可能存在的以貌取人

"以貌取人"是一则来源于历史故事的成语，相关典故最早出自西汉时期司马迁的《史记·仲尼弟子列传》（图2-27）。"以貌取人"是指我们根据他人的外在特征、外表来评价其能力、品质或价值。这种思维误区会导致我们对他人形成片面和错误的判断。了解这种思维误区的存在和影响是我们开始纠正它的第一步，真正了解他人的能力是避免"以貌取人"误区的关键。我们应该主动与他人交流，倾听他们的故事和经历。深入了解他人的情况和背景，可以帮助我们形成更全面、客观的评估。同时，我们还应该尊重并寻求多元化的视角和意见，以避免陷入狭隘的思维模式。

图2-27 不要以貌取人

（三）遵守人际交往的规则

俗话说："人不以规矩则废，家不以规矩则殆，国不以规矩则乱"（图 2-28）。还记得那场轰动一时的重庆公交车坠江事故吗？事故的原因是，车上的刘某突然发现公交车已经驶过了自己的下车点，于是从座位上起身，走到司机旁边，一边指责司机一边要求停车。但当时的路段不允许停车，可刘某非但不听司机的解释，还不依不饶，两人争执逐步升级，随后，当公交车行至长江二桥时，刘某突然手持手机砸向正在开车的司机，司机随之回击，并尝试用右手挡住刘某的攻击。就在此时，方向盘失控，车辆跨越了大桥的中心实线，在撞上一辆小轿车后坠江。车上 15 条鲜活的生命，因为刘某对于规则的漠视就这样逝去。跟生命相比，错过的那几站路又算得了什么呢？很多时候，倘若只顾自己活得随心所欲，便无所顾忌，一味漠视规则，那么也将失去规则的保护，惩罚与危险便会慢慢降临。对待规则，要懂得心有所畏、言有所戒、行有所止。

图 2-28 规则

（四）尊重民族风俗习惯

少数民族有着独特的风俗习惯，而且不同的民族，习惯也不相同，我们在和少数民族的朋友进行交流的时候，一定要注意尊重他们的民族风俗习惯，不要触碰他们的禁忌，否则即使是再好的朋友，也会因这些事情翻脸，最终做不成朋友。

（五）尊重别人的隐私

隐私是指个人对于自己的私人生活和信息的掌控权。隐私包括个人的身体、家庭、通信信息、个人资料、财务等方面。不同的人对于隐私的需求程度也不同，不要随意打听他人的私人事务。如果别人不想谈论某些事情，就尊重他们的决定，如图 2-29 所示。

图 2-29 尊重他人的隐私

（六）避免刻板印象

"刻板印象"是指人们对某一事物的看法或评价过于固化，不合理地将其归为一类，忽视了个体差异性和多样性。刻板印象源于人们对外界信息的感知和认知，它是一种主观的、片面的、武断的评价，常常与现实不符，导致人们对事物的理解和认识出现偏差。要避免出现刻板印象的情况，首先要改变对事物的看法和评价方式，不要轻易将事物归为一类，应注重个体差异性和多样性。其次，要注重对事物的客观认识，不要受到主观感受和情感的影响，应通过多种渠道获取信息，全面了解事物的本质。最后，要注重交流，与不同的人群进行沟通，建立正确的认识和评价，摆脱刻板印象的影响，如图 2-30 所示。

图 2-30　反对刻板印象

性别刻板印象

三、建立起互信共赢的良性人际关系

（一）诚信是建立信任的基础

中国历史上有一个大家熟知的故事："烽火戏诸侯"，周幽王身为一国君王，为了博得美人褒姒一笑，几次于烽火台点燃烽火戏弄各诸侯国，等到最后西戎攻破镐京而向各诸侯国求救之时，那些诸侯国再也不相信他了，其结局可想而知。诚信是双方建立信任的基础，而信任是人际关系中最重要的因素之一。诚信是指言行一致，言出必行，承诺必兑现，不伪装、不虚假、不欺瞒他人的品质。只有我们展现出诚信、真诚、正直、可信的态度和行为，才能获得他人的信任（图 2-31）。在日常生活中，我们要注重言行一致，避免说一套做一套，避免虚假宣传和欺骗行为。

图 2-31　诚信

（二）避免"零和博弈"，建立"共赢思维"

"零和博弈"思维相信：整体利益不会增加，各方的利益和损失加起来永远是"零"。这就意味着一方所得就是另一方所失，利人就意味着损己，利己就意味着损人。零和思维就是纯竞争、不合作的思维。在现实生活中，极端的零和竞争情境其实很少，但零和博弈却藏在很多人的潜意识里，它的延伸思维是：他人之得，就是我之失；他人的成功，等于我的失败；他人的优秀，就等于我的平庸。持有这种思维的人，把他人看作掠夺者，无法忍受别人比自己优秀、比自己幸福，容易嫉妒，比起分享和帮助别人，他们更乐见别人失败。

零和博弈介绍

"共赢思维"相信：各方可以通过合作做大"蛋糕"，达到利人也利己的局面。共赢思维是指在处理双边和多边关系时，在相互信任的基础上，通过各方相互理解、相互支持、换位思考，使双方或多方的利益分配趋于合理化，使各方达到基本满意，由开始的竞争关系逐步提升为相互依存的伙伴关系。共赢思维不仅会给宏观的社会协作带来变化，还会给微观的人际关系带来深刻的影响（图2-32）。

图2-32 建立"共赢思维"

合作才能共赢

（三）通过良好的沟通来增强信任

沟通是建立、维持信任的重要手段之一（图2-33）。在人际交往中，我们需要与他人进行交流，而良好的沟通可以帮助我们更好地了解他人的需求和期望，增强他人对我们的信任。在沟通时，我们要注重倾听，尊重他人的意见和想法，当表达自己的观点时要注意措辞，避免冲突和误解。

图2-33 沟通

（四）通过正确处理人际关系来增强信任

在人际交往中，我们不可避免地会遇到各种各样的人，有的人会给我们带来好处，有的人则会给我们带来困扰，正确地处理人际关系可以增强信任。在面对不同的人时，我们要学会尊重他们的需求和期望，避免冲突和误解，对待他人的态度要平和、友善，避免过于傲慢或怀疑。

（五）通过保持一定的距离来增强信任

在人际交往中，与他人适当地保持一定的距离有时可以增强信任。适当的距离可以让我们更好地保持自我，避免对他人过分依赖和妥协，同时也可以让他人更好地了解我们的个性和特点，从而增强对我们的信任。在与他人进行交往时，我们要学会保持一定的距离，避免过于亲密或疏离。

小 结

人际交往是我们生活中不可避免的一部分，自尊和自信是建立、维持良好人际关系的关键。在人际交往中保持自尊和自信，不仅能使个人更加积极和开朗，而且能够获得他人的尊重、认同和信任。

自尊和自信应建立在对自己客观、理性、全面的认识、评价的基础上。认识自己并接受自己的优点和缺点，有助于减少因自卑或自负而产生的情感波动，保持内心的平衡和稳定。我们也需要理性地看待失败和错误，不要贬低自己，相反应该从中吸取教训，不断提升自己。

要做到自尊和自信，首先需要保持积极、乐观的心态，让自己充满正能量（图2-34）。情绪和心态会影响我们的人际交往，乐观向上的心态可以让我们更加自信，吸引更多的朋友和机遇。当面临挫折、困难或失败时，我们应该以平常心看待，并从中学习和成长，不断提升自己的能力和素质。

图2-34 乐观心态

自尊和自信要在平等、尊重、理解的过程中达到互信共赢的结果。在人际交往中很容易与他人产生冲突,这时我们要竭力避免"零和博弈",应保持冷静,客观看待问题,找到解决问题的方法,还要避免言语和行为上的攻击。

只有不断学习和实践,我们才能逐渐提高自己的人际交往能力,保持自尊和自信,与他人建立更加平等、和谐、健康的关系。

 自我拓展练习

1. "九型人格"的内容是什么?
2. 自我提升的参考标准有哪些?
3. 如何培养积极心态?
4. 在人际交往中,如何做到尊重别人?

法律条款:

1.《中华人民共和国民法典》第六章 隐私权和个人信息保护

第一千零三十二条 自然人享有隐私权。任何组织或者个人不得以刺探、侵扰、泄露、公开等方式侵害他人的隐私权。隐私是自然人的私人生活安宁和不愿为他人知晓的私密空间、私密活动、私密信息。

第一千零三十三条 除法律另有规定或者权利人明确同意外,任何组织或者个人不得实施下列行为:(一)以电话、短信、即时通信工具、电子邮件、传单等方式侵扰他人的私人生活安宁;(二)进入、拍摄、窥视他人的住宅、宾馆房间等私密空间;(三)拍摄、窥视、窃听、公开他人的私密活动;(四)拍摄、窥视他人身体的私密部位;(五)处理他人的私密信息;(六)以其他方式侵害他人的隐私权。

第一千零三十四条 自然人的个人信息受法律保护。个人信息是以电子或者其他方式记录的能够单独或者与其他信息结合识别特定自然人的各种信息,包括自然人的姓名、出生日期、身份证件号码、生物识别信息、住址、电话号码、电子邮箱、健康信息、行踪信息等。

2.《中华人民共和国宪法》

第四条 中华人民共和国各民族一律平等。国家保障各少数民族的合法的权利和利益,维护和发展各民族的平等团结互助和谐关系。禁止对任何民族的歧视和压迫,禁止破坏民族团结和制造民族分裂的行为。各民族都有使用和发展自己的语言文字的自由,都有保持或者改革自己的风俗习惯的自由。

3.《民族区域自治法》

第十条 民族自治地方的自治机关保障本地方各民族都有使用和发展自己的语言文字的自由,都有保持或者改革自己的风俗习惯的自由。

第三章 语言沟通
——谈笑风生，妙语连珠

导读：

语言沟通主要由听、说、问组成（图3-1所示）。语言沟通是指以语词符号为载体实现的沟通，涉及生活的各个方面，是人们交流和学习的最有效途径。本章结合职业学校学生的具体情况，理论联系实际，主要讲述在倾听、日常表达、课堂发言和公众演讲等方面，学生有可能遇到的沟通问题，需要注意的沟通事项及提高沟通效果的有效措施，层层递进，有针对性地对学生进行系统、全面的沟通指导和教育，这对于提高学生的语言沟通能力有着积极的意义。

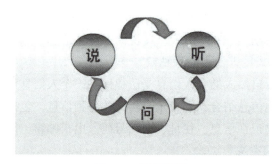

图3-1 语言沟通

学习目标

知识与技能目标：善于倾听，掌握日常表达、课堂发言以及公众演讲中的表达技巧，敢于沟通、善于沟通。

过程与方法目标：通过分析案例、学习知识、小组讨论等，提高语言沟通能力，有效规避沟通过程中出现的不必要矛盾。

素质目标：树立正确的语言沟通意识，养成良好的倾听和沟通习惯。

第三章 语言沟通——谈笑风生，妙语连珠

学习重点

善于倾听和沟通，掌握在日常表达、课堂发言和公众演讲中的表达技巧。

学习难点

根据具体事项展开倾听与沟通，达到心中期望目标；提高自我保护能力，有效规避因语言沟通不畅所带来的矛盾。

第一节 学会倾听，虚怀若谷

导入

安生与大鹏毕业于一所职业技术学院，同时被聘为某公司的项目协调员。两人才能相当，业务水平难分高下，不同的是两人的处世态度。

每次讨论安生设计的项目时，大伙只要提出点儿什么意见，他总是据理力争，说得别人无言以对。虽然大家都认为他言之有理，但总觉得他有点傲。领导有时委婉地点拨其项目存在的问题时，安生便引经据典找依据，让领导很难堪。

大鹏的态度正好相反，他对每个人的意见都做认真记录，特别是领导的指示，他更为重视，有不清楚的地方，便反复讨教。参加大鹏的项目讨论会，大家都有畅所欲言的机会，因此大家都乐意将自己的宝贵意见送给他。

结果呢，大鹏每次做出的项目都被采用，而安生做出的项目却极少被采用。业绩的不同拉开了他俩的差距，最近，大鹏升任项目主管，而安生早在两年前跳槽了，至今还是基层职员。由此可见，倾听是多么的重要（图3-2）。

图3-2 倾听

思考讨论：

1. 安生与大鹏的差距体现在哪些地方？
2. 我们在现实生活中应该怎么做？

一、倾听的定义

倾听是一个汉语词语,出自《礼记·曲礼上》:"立不正方,不倾听。"意思是听别人讲话,一定要恭恭敬敬,站立有方地听。发展至今,倾听是指集中精力认真地听、专注地听,并且在沟通中能够理解对方的感情和内心的真正需要。倾听要求我们在沟通的过程中,调动所有的感官、感情和智力等,所以并不是简单地听,也不仅仅是耳朵的工作,同时也是我们整个身心协调配合的过程,如图3-3所示。

图3-3 立不正方,不倾听

倾听别人的习惯

二、倾听的重要性

(一)获得对方内心真正的想法

在沟通的过程中,懂得倾听的人能够在倾听的过程中摸清对方大意,心领神会。注意倾听别人讲话,可以从别人说话的语调、表情、肢体语言中,了解对方的需要、态度、期望和想法(图3-4)。这就要求我们听清并正确理解对方说的话,还要通过询问来了解对方内心的真正需要,更要从肢体语言去破译对方言谈背后的真实意图。

图3-4 对方内心想法

倾听的作用

（二）培养亲和关系

认真倾听能够体现你对他人的尊重，同时你也能赢得他人的尊重。倾听是一种与人为善、谦虚谨慎的姿态，这种姿态能使我们海纳百川、虚怀若谷，如图3-5所示。

认真倾听朋友的倾诉，就能体会他的喜怒哀乐，走进他的内心，使你们的友情更加牢固；认真倾听领导的发言，就会发现领导的过人之处，对他的崇拜之心会油然而生；同时你会发现你也变得虚心了，你的虚心会让你更加努力，也会让你的事业更进步。

在倾听过程中你所表现出来的专注、微笑、附和等，都能让对方感受到你的尊重和理解，这样能够进一步建立良好的亲和关系。

图3-5 海纳百川、虚怀若谷

（三）倾听能增强沟通的效力

认真倾听对方的谈话，是对讲话者的尊重，而这种尊重可以使人们的交往更加有效，并给对方留下良好的印象。倾听不仅是一种才能，也是一种修养，不仅能够使彼此的关系更加融洽，还能够提升自己的能力。耳听八方，能使我们跟上时代的步伐；广纳群言，能使我们保持清醒的头脑。在沟通的过程中，"理解"是人人都需要的，不只要被理解，同时还要理解别人。如果你具备了倾听这一能力，也就奠定了相互理解的基础，如图3-6所示。

图3-6 倾听增加沟通效力

生活中，很多时候也需要我们讲究说话的艺术，从而收到意想不到的效果。但是，学会倾听也非常重要，倾听的耳朵是虔诚的，倾听的心灵是敏感的，有了倾听的耳朵和愿意倾听的心，你才会拥有忠实的朋友。

三、倾听的四种境界及技巧

要想真正实现有效的沟通，就要先学会倾听。真诚地倾听，不随意打断别人的话，是对说话人的尊重，也是做一个好听众的必要条件。

有人可能会想:"倾听需要什么技巧?只要去听就行了!"其实不然,比如一个老师上课,似乎学生都在全神贯注地听,但每个学生听课的效果却是千差万别的。

(一)在与人沟通时,倾听有以下四种基本境界

1. 心不在焉地听

貌似在听别人讲,但心思不在这里,思想不集中,倾听效果大打折扣,如图3-7所示。

图3-7 心不在焉地听

2. 专注认真地听

认真地听对方讲话,词汇、语句传达到倾听者的脑海中,大脑会根据积累的知识、词汇将所听语句重新组合为新的知识。在课堂上学生都专注地听,为什么听课效果却大相径庭呢?因为每个人的知识积累不同,自然理解也就不同。

3. 设身处地地听

把自己想象为一个说者,换位思考对方,然后根据对方的语言习惯、出生背景、知识层次以及知识结构等,分析他的所言所讲,自然而然也就豁然开朗了,如图3-8所示。

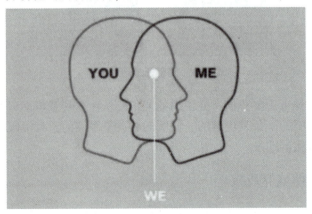

图3-8 设身处地地听

4. 创造性地听

这是最深层次的听，即根据说者的语言逻辑、动作表情、前后语句的用词特点，在倾听的过程中加入主观的创造，进行逻辑分析，用准确的语言把说者的意思再描述出来。只有创造性地去听，才能做到心领神会，将被动化为主动，如图3-9所示。

图3-9　创造性地听

（二）有效倾听，是人际沟通成功的重要因素

在人际交往时，如果能够站在对方的角度考虑问题，就会很容易地受到别人的欢迎。学会倾听，要注意以下四项原则。

1. 专心倾听、尊重别人

在倾听时，看着对方的眼睛。人们可根据你是否看着对方来判断你是否在聆听。在倾听时不要有心不在焉的举动与表现。

点头或者微笑都可以表示赞同对方所说的内容，表明你与说话人意见相同（图3-10）。人们需要被赞同，需要你专心地倾听。

图3-10　点头微笑

可以将让人分心的事物放在一边，也不要乱写乱画、胡乱摆弄纸张、东张西望或看手表等。如果倾听者态度开放，对说话者谈论的话题很感兴趣，那就表示倾听者愿意接纳说话者，很想了解说话者的想法，说话者就会受到鼓舞。

案例链接

一名保险推销员刚来到深圳时去拜访一个客户（图3-11）。那个客户不会说普通话，只会说上海话。推销员听了半天也不太明白对方在说什么，唯一听明白的是：他的子女对他不太好。客户从表情上也看得出推销员听不懂他的方言，但仍然自顾自地说个不停，只想满足自己倾诉的欲望。这位推销员刚进入保险行业，什么都不会，面对这个客户，他唯一能做的就是倾听，但没想到，在谈话结束的时候，他签到了第一份保单，这就是倾听的作用。

图3-11　保险推销员

思考：

如果你是这名保险推销员，你会怎么办？

2. 听话听完整

在与人沟通时要注意"三个一半"：不要听话听一半，不要让别人讲话讲一半，自己不要讲话讲一半。在别人讲话时要心平气和地听（图3-12），不要打断别人的讲话，将别人的话听完整再发表意见，免得存在个人偏见，想当然地误会别人；当自己讲话时要讲清楚，别讲前半句话就省略掉后半句话，以免别人理解有误。生活中有许多误解或矛盾常常是因为没有听完整对方的话。

善于倾听不同的声音

图3-12　心平气和

> **案例链接**
>
> ### 将军尝汤
>
> 一位将军为了显示他对士兵生活的关心，临时去参观士兵就餐的食堂。在食堂里，他看见两个士兵站在一个大汤锅前，就想去尝一口汤，如图3-13所示。
>
> "让我尝尝这汤！"将军向士兵命令道。
>
> "可是，将军……"士兵正准备解释。
>
> "没什么可是，给我勺子！"将军拿过勺子喝了一大口，怒斥道："太不像话了，怎么能给战士喝这个？这简直就是刷锅水！"
>
> "我正想告诉您这是刷锅水，没想到您已经尝出来了。"士兵答道。
>
>
>
> 图3-13 将军尝汤
>
> 思考：
> 我们在生活中，怎么避免做出像这位将军这样愚蠢的事？

3. 鼓励对方先开口

为什么要鼓励对方先开口？首先，倾听别人说话本来就是一种礼貌，愿意倾听表示我们愿意考虑别人的看法，这会让对方觉得我们很尊重他，有助于双方建立融洽的关系，彼此接纳，如图3-14所示。

图3-14 鼓励对方先开口

其次，鼓励对方先开口可以降低谈话中的竞争性。我们的倾听可以调节开放的气氛，有助于彼此交换意见。说话的人由于不必担心竞争的压力，也可以专心掌握重点。

最后，对方先提出他的看法，你就有机会在表达自己的意见之前，掌握双方意见一致的地方与不一致的地方。倾听也可以使对方更加愿意接纳你的意见，等你再说话的时候，就更容易说服对方。特别是在处理顾客的投诉时，如果你在他没有说完的情况下打断他，与他辩解，则可能使情况变得更糟。

4. 积极反馈

对精辟的见解、有意义的陈述或有价值的信息，要以诚挚的赞美来夸奖说话的人（图3-15）。例如："您的意见很有见地"或者"这个想法真好"，仅仅是良好的回应就可以激发出很多有用而且有意义的谈话。偶尔说"是"或"是这样吗"则是告诉说话的人你在认真倾听，而且你对当前的谈话有兴趣，便于沟通积极进行。

图3-15　积极反馈

第二节　日常表达，真心诚意

导　入

晓鹏大学刚毕业，前往××厂应聘厂办秘书，晓鹏在厂长面前做自我推销时说话拐弯抹角，半天不切入主题。他说："厂长，你们这儿的环境不错。"厂长点了点头。接着，晓鹏说："现在高学历的人才是越来越多了。"厂长还是点了点头。而后，晓鹏又说："厂办秘书一般要大学毕业，具备书写能力吧？"晓鹏的话绕了一个圈子，还是未道出自己的本意。岂料这位厂长是个急性子，他喜欢别人与他一样说话办事干脆利索。正因为晓鹏未摸透厂长的性格，所以话未说完，厂长便托词离去，晓鹏的愿望也化成了泡影，如图3-16所示。

图3-16　晓鹏找工作

思考讨论：
1. 晓鹏的愿望为什么化成了泡影？
2. 在日常沟通中，应注意哪些问题？

第三章　语言沟通——谈笑风生，妙语连珠

一、引起话题

在引起话题时要想办法谈论对方感兴趣的话题，大多数人感兴趣的话题有以下几方面。

平淡话题易沟通

（一）日常生活

如天气（图3-17）、环境、衣着等，可以从对方身上发掘话题，衣着、外貌、首饰等都是题材，比如您穿的这件衣服真漂亮，是在哪里买的？

图3-17　天气变化

（二）业余爱好

任何人都会有自己的业余爱好（图3-18），业余爱好越多，与人沟通的话题就越多，跟年龄大一点的人可以聊一些养生、健康、投资理财等方面的知识，跟年轻人可以聊经济、互联网、美食、体育运动等方面的知识。

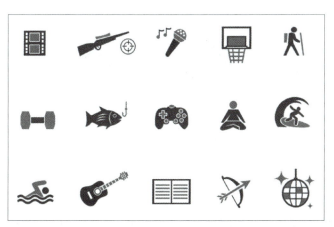

图3-18　业余爱好

（三）子女教育

自古中国人都有望子成龙、望女成凤的心理，他们非常关注子女教育，如果能够理解为人父母的这种心情，而且能够讨论一些这方面的话题，那么对加强沟通会有非常重要的帮助。

案例链接

东东跟同学达达讨论关于篮球的话题，东东聊得兴致勃勃，而达达却听得漫不经心。东东以为达达不愿意跟他聊天，从此逐渐疏远了达达，两人的矛盾越来越深，最后形同陌路。但实际上达达并不是不愿意与东东聊天，只是因为他不太关注和了解篮球，听不懂东东讲的内容，所以听得不认真，导致对方误会了自己，如图3-19所示。

思考：
案例中的东东在展开话题前应注意哪些方面？

图3-19 东东打篮球

二、维持话题

在展开话题之后，可以运用讲解与询问、找出共同兴趣及话题、赞美对方等方式维持话题的正常进行。

不善言辞怎么办

（一）讲解与询问

所谓讲解与询问，是指在沟通过程中，一方面需要讲关于自己的内容，如兴趣、爱好、成长经历、教育背景、工作情况、家庭情况等；另一方面要在沟通中询问对方的有关情况，了解更多知识，创造更多话题。如果想要结交朋友的话，就一定要真心诚意，如图3-20所示。

图3-20 三顾茅庐

（二）找出共同兴趣及话题

在与人交谈时，可于讲解与询问之中找出共同的兴趣及话题，有助于继续沟通，比如：
一方说："我昨天去打羽毛球了，很好玩。"

另一方说:"我也喜欢打羽毛球,你通常在哪里打呢?"

(三) 赞美对方

在沟通过程中适当地赞美对方有时可以收到意想不到的效果。每个人都有缺点和优点,任何事情也都有利有弊,无论面临什么情况,只要我们用心去分析,就都能找到好的一面和值得赞美的地方,如图 3-21 所示。

图 3-21 赞美对方

案例链接

徒弟理发

有个理发师带了一名徒弟,徒弟学艺三个月后正式上岗(图 3-22),他给第一位顾客理完发,顾客照镜子说:"头发理完还是太长。"徒弟不语。

图 3-22 徒弟理发

师傅在一旁笑着解释:"头发长,使您显得含蓄,这叫藏而不露,很符合您的身份。"顾客听罢,高兴而去。

徒弟给第二位顾客理完发,顾客照着镜子说:"头发剪得太短。"徒弟不语。

师傅笑着解释:"头发短使您显得精神、朴实、厚道,让人感到亲切。"顾客听了,欣喜而去。

徒弟给第三位顾客理完发,顾客一边交钱一边说道:"理发时间挺长的。"徒弟不语。

师傅笑着解释:"为'首脑'多花点时间很有必要,您没听说过'进门苍头秀士,出门白面书生'吗?"顾客听罢,大笑而去。

徒弟给第四位顾客理完发,顾客一边付款一边笑道:"动作挺利索,10分钟就解决问题了。"徒弟不知所措,沉默不语。

师傅笑着抢答:"如今,时间就是金钱,'顶上功夫'速战速决,为您赢得了时间和金钱,何乐而不为?"顾客听了,欢笑告辞。

晚上打烊。徒弟怯怯地问师傅:"您为什么处处替我说话?反过来,我没一次做对过。"

师傅宽厚地笑道:"每一件事都包含两面性,有对有错,有利有弊。我在顾客面前鼓励你,作用有二:对顾客来说,是讨人家喜欢,因为谁都爱听吉言;对你而言,既是鼓励又是鞭策,因为万事开头难,我希望你以后把活做得更加漂亮。"

思考:
1. 如果你是徒弟,你会怎么报答师傅的教诲?
2. 如果你以后当了师傅,你会怎么培养徒弟?

三、转移话题

(一) 自然转换法

一个话题在谈到一定的时候,谈兴就低落了,应适时停止表达意见,自然地引出另一个话题来,如图3-23所示。

社交高手-东北一家人

图3-23 转换话题

(二) 问题转移法

在交谈中,可适当地提出一个问题,把谈兴引向另一个方面。

(三) 答非所问转移法

有些话题不便发表意见,可在回答中转移视线,引出另外的内容。

例如：张科长和李科长喝酒，张科长喝醉了，说："老李，你说，昨天陈部长批评我对不对？我为什么不能涨工资？他这是不是故意整我？"李科长说："咱科里又出了一件事你知道不？"这样就自然地把话题引开了。

（四）"关心他人"法

在交谈中适时扯进一个第三者，从而中断原话题，转向新话题。扯进来的第三者，一般以新闻人物、对方关心的或熟悉的人为宜。

四、结束话题

结束语怎么说才好？

（一）关照式收尾

关照式收尾方式是交谈双方说完了自己的思想、意见或流露了某些内心意向之后，觉得有些话带有一定的范围性、对象性、保密性，不便传播给他人，因此在结束交谈时要对此特别关照，如图3-24所示。这种关照式收尾，能引起对方的注意，起到强调重点、防患于未然的作用。

图3-24　关照

（二）征询式收尾

在交谈完之后，可以根据交谈目的，向对方征求意见、要求、忠告、劝诫等。

征询式的收尾往往给人谦逊大度、仔细周到和稳重老成的印象。在对方听到之后，会有一种受尊重，倍感亲切的感觉，有利于你们之间保持融洽的关系。

（三）感谢式收尾

感谢式的收尾方式具有较强的礼节性，它的基本特征是用"客气话"作为交谈的结束语。这样的结束方式应用非常广泛，无论是上下级之间还是同事、邻里之间都是适用的。

第三节　课堂发言，娓娓道来

导入

晓梅同学是中职二年级电子商务专业的学生，她的学习成绩不理想且从不主动发言，16岁时父母离异，后一直和外婆住在一起。她在整个班级学生群中显得特别醒目，性格孤僻、不合群，学习不上心，不光学习习惯差且比较懒惰，作业马虎潦草，常有抄袭现象。

班主任王老师看到眼里，记在心上，在课堂上常请晓梅同学回答问题，对于其不会的题目耐心讲解。经过一学期的努力，晓梅同学逐渐恢复自信，和同学们也能正常相处，学习成绩稳步提升，如图3-25所示。

图3-25　课堂发言

思考讨论：
1. 课堂积极发言有什么好处？
2. 课堂发言有什么技巧？

一、课堂发言的重要性

（一）培养自我表达能力

表达能力是人与人交流的重要手段（图3-26）。一些人在生活和工作中与人交往时经常犯愁，而愁就愁在这口头表达能力上，因为表达能力差失去了许多发展的时机，很是遗憾。

（二）培养专注力

专注力对人的发展而言，是特别重要的一个思维习惯或状态。没有专注力，也就谈不上恒心和毅力（图3-27）。学生有了专注力，就可以大大提高课堂的听课效果。

课堂上积极发言学生的特点

图 3-26　自我表达能力

图 3-27　缺乏专注力表现

（三）及时调整学习误差

如果学生上课听不懂、不发言，而做作业时"照猫画虎"，那么老师也难以发现学生对知识点的理解不足。如果上课积极发言，老师就会及时发现和指出错误。所以，发言错误不怕，真弄懂了知识点才是目标。

（四）培养积极参与的态度

在学习和生活中，一些学生游离于集体学习与生活之外，很是"不合群"，这样会使学生在青春期及今后的生活、工作中产生自我否定感，这将对个人发展非常不利。

（五）培养管理能力和领导能力

表达能力强的学生，很容易被老师和同学赋予集体责任，代表班级参加一些活动，在活动中担任组织角色，从小得到这方面的锻炼，可提高在未来生活、工作中与人合作的能力。

（六）培养竞争意识与竞争能力

学生要尽早的认识到自己的一生是奋斗的一生，竞争的一生。竞争在社会生活中的道德意义在于以积极、真诚、互助的态度参加竞争，促进争胜的双方共同进步、共同提高。培养学生的竞争意识与竞争能力（如图 3-28 所示），对于学生未来的发展是非常重要的。

（七）培养思维能力

站起来发言，当然要精彩、要完美，不能让别人笑话。在这样的心理情形下，会使学生更愿意提高自己的思考能力，在短时间内完成全面、准确、精彩的准备和表达。

图 3-28　竞争意识

二、课堂发言的技巧

课堂上老师会根据学习内容设计提问，引导学生们回答这些问题。勤于思考（图3-29），正确回答课堂提问，可以帮助学生集中注意力、认真听讲，有利于掌握知识，还能锻炼听和说的能力，增强自信心。要做到正确回答课堂提问，学生们应该讲究方法，养成良好的习惯。

图3-29　勤于思考

（一）认真听提问

老师在课堂上的提问一般是课文中的疑难知识点，或者是教材中问题的引伸，要想正确回答这些提问，首先要听清楚老师所提问题的关键，抓住要点反复思考，然后分析领会，从而为准确地回答提问打下基础，避免"临渴掘井"的现象。

（二）组织好语言

如果听清楚了问题，就要抓紧时间进行积极思考，想清楚回答问题时先说什么，再说什么，最后说什么，把将要发言的思路预先在头脑里整理清楚，甚至连运用哪些词语、句子也要考虑周到，真正做到心中有数。

（三）发言先举手

如果发言不是先举手，而是你一言、我一语的，课堂就会变得乱糟糟，没有了秩序，学生们也就不能安心学好功课。每个学生都应该自觉遵守课堂纪律，保持课堂安静，从小养成先举手后发言的良好习惯（图3-30）。举手的目的一是说明自己把问题想好了，二是示意老师点名回答。

图3-30　发言先举手

（四）发言要大胆

发言时身子要站正，声音要洪亮，语调和表情要自然，吐字要清晰，把自己要表达的意思尽量说清楚，让老师和同学都听明白。发言是与老师、同学进行信息交流的好机会，即使回答错了也没关系，愿意尝试和学习，才是成长和进步的关键，如图3-31所示。

图 3-31　勇于发言

学生课堂上生怕说错了，怎么办

（五）回答完要思考

回答完毕提问后，是不是就万事大吉了呢？不是。那么，还要做什么呢？还要认真、虚心地倾听老师和其他同学对你的回答的评断。如果回答得不对或是某些地方答得不全面，就要从其他同学的补充中或者老师的纠正中对照分析，找出不足，提高认识，如图 3-32 所示。

图 3-32　答完要思考

第四节　公众演讲，出口成章

> **导　入**
>
> "我们不怕死，我们有牺牲的精神！我们随时像李先生一样，前脚跨出大门，后脚就不准备再跨进大门！正义是杀不完的，因为真理永远存在！"这段振聋发聩的呼喊，出自闻一多先生的《最后一次讲演》。

1946年7月，爱国人士李公朴遇刺身亡，闻一多明知自己也是反动派的暗杀目标，却不顾亲人、朋友的劝阻，毅然前往李公朴的遇难过程报告会。本来大家为了保护他，未安排他进行演讲，但当现场国民党特务吹口哨、跺脚时，他拍案而起，到台上即兴发表了《最后一次讲演》，说出了愤怒的人们的心声，如图3-33所示。

图3-33　《最后一次讲演》　　　　闻一多《最后一次讲演》

毫无疑问，这是一次非常成功的演讲，是一个唤起人民觉醒的施号令，同时也是爱国民主人士的战斗宣言。闻一多先生虽然牺牲了，但是他的精神鼓舞着千千万万的中国人团结起来，共同奋斗！

思考讨论：
1. 公众演讲需要做好哪些准备？
2. 公众演讲有哪些技巧？

一、演讲的由来

演讲又叫讲演或演说，是指在公众场所，以有声语言为主要手段，以体态语言为辅助手段，针对某个具体问题，鲜明、完整地发表自己的见解和主张，阐明事理或抒发情感，进行宣传鼓动的一种语言交际活动。演讲是一门语言艺术，它给听众一种听的美感、心灵的震撼以及感同身受的情感体验，旨在调动听众情绪，并引起听众的共鸣，从而传达出演讲者所要传达的思想、观点、感悟，因此它是一种直接的具有艺术性的社会实践活动。

"演说"一词较早出现在《北宋·熊安生传》，一般来说，"演说"与"演讲"同义。演讲历来是政治家发表政见、阐明观点、批驳政敌、争取盟友的有力武器，特别是在社会处于激烈变革的年代。在特定的社会条件下，语言的力量是惊人的，许多伟人正是通过演讲来汇聚改变社会的力量的，从而推动历史的车轮滚滚向前。很多口若悬河、能言善辩之士，凭着一张剑舌，活跃在政治舞台上，他们有的劝阻战争，化干戈为玉帛；有的怒斥奸佞，以正气压倒歪风；有的巧设比喻，以柔克刚，争取盟友；有的反唇相讥，绵里藏针，瓦解敌阵，如图3-34所示。

图 3-34 合纵与连横

二、演讲的技巧和要领

好的演讲（图 3-35）不仅仅取决于演讲人在现场的发挥，还取决于其在台下的准备。演讲前期的充分准备可以使人们克服紧张恐惧感，让人们更加自信、自如、轻松地驾驭现场，因此演讲前的充分准备是必不可少的。

图 3-35 演讲

演讲的技巧和要领

（一）选题立意

成功的演讲离不开好的话题，好的话题应该首选自己熟悉的内容，这样才能拥有大量的素材，也才能讲得真切、深入。选择论题就是选择演讲所要阐述的主要问题，即"讲什么"。要把论题选好，必须遵循两个基本原则：一是需要性原则，二是适合性原则，如图 3-36 所示。

（二）谋篇布局

演讲稿的结构，包括标题和正文两个部分。标题多用形象性的、能高度概括演讲主题的语句来充当。正文包括开头、中间、结尾三个部分。演讲稿的开头部分主要有两项任务：一是建立说者与听者的同感，引起共鸣；二是打开局面，引入正题。中间是演讲稿的关键所在，要求突出中心，展开主题，做到层次清楚，便于听众掌握。演讲稿的结尾要言简意赅，使听众不断思索，进而付诸行动。当然，也可以写得充满豪情，给人以鼓舞，发出号召，给

图 3-36　演讲技巧

人以力量，指出目标，催人奋进。不论何种结尾，都最好在高潮处断然收尾，从而给听众留下深刻的印象。

（三）心理准备

演讲首要准备的重点就是心理准备，具有良好的心理准备才能让我们的演讲更加成功。因此我们要有：求真的心理素质、创作上的心理素质、表达的心理素质。

（四）肢体语言

肢体语言能够体现演讲者的喜怒哀乐，并且能够引起听者共鸣，因此是非常重要的，如图 3-37 所示。

图 3-37　肢体语言的重要性

1. 昂首挺胸

挺直身体，上提下巴，表现出一种活力和自信。

2. 站姿挺拔

站在讲台上，两腿与肩同宽，双脚平稳地踩在地上，这样看起来稳重、挺拔，可在演讲中表现出强有力的姿态。

3. 行为得当

演讲时恰当的行为是一种视觉上烘托和传达演讲内容的好方式。当演讲人不动时，听众会感到沮丧，但若移动过大，听众就会感到困惑，因此要确保行为得当。一开始站在讲台的中央就可以了，可以在强调的时候向右移，然后回到中心，在说下一个观点的时候向左移动，在做结论的时候返回到中心。

4. 双手垂侧

很多人站在讲台上，将手放在背后、胸前或者口袋里，这样的体式不但不够优雅，而且对打手势不利。所以，要将双手轻轻地捏成鸡蛋形状，自然地垂在两侧。

5. 手势与内容同步

手势是一种有意识的行为，用于补充或强调演讲内容，可以举起拳头或者挥舞手臂，与演讲内容、情绪保持一致。

三、演讲的重要作用

（一）促进个人成长

优秀的演讲家并不是天生的，总要经历过很多困苦和锻炼，才能获得巨大的成功，"台上一分钟、台下十年功"这句话最能体现他们的付出。一个出色的演讲家，一定积累了丰富的人生经验，并且不间断地学习文化知识，坚持不懈地练习；一个成功的演讲家，只有百折不挠、勇往直前，才能获得成长。同时还要增强自信心，拓展学识，提高表达能力。作为学生，我们不要满足于欣赏、羡慕讲台上演讲家的口若悬河、逻辑缜密，而要善于向他们学习，促进个人成长，如图3-38所示。

图3-38　个人成长

（二）展现才华，"推销"自己

在竞争压力巨大的当下，"是金子总会发光的"这句话，已经不太可信了。和你一样的人有很多，比你优秀的也大有人在，如果你不表现很可能就被埋没了。

因此我们需要有展示才华的机会，才能得到社会的认可。善于"推销自己"的人，总是容易获得机会的（图3-39）。演讲就是推销自己的手段，通过演讲，充分向他人表达自己的价值观念、思想感悟，同时他人也能看到演讲者的才华和能力，从而让演讲者有获得更大成就的机会，有时候还能获得大家的认可，甚至竞聘成功等。

图 3-39 推销自己

（三）社会影响力和贡献

"一个人的成功，15%靠他的专业知识，而另外的85%。则靠社交能力，特别是公众演讲能力（图3-40）。"不是说一个人社交能力不行就不能获得成功，但试想一下，你才能出众、学识渊博，但在人前发言时却连一个简单道理都讲不通，这难道不是一种缺陷和遗憾吗？

图 3-40 公众演讲能力

励志演讲

举个例子，茅盾、鲁迅、闻一多等人都取得了卓越成就，但他们的社会贡献却完全不同。鲁迅、闻一多等人不但能写，还能演讲，并且有很大的影响力，因此他们的思想才能在当时的年代得到展现和传播，唤醒人们的思想，从而推动社会进步。

所以同等条件下，演讲能力出众的人往往能做出更大的贡献。你认为呢？

法律条款：

《宪法》（图3-41）第三十八条规定："中华人民共和国公民的人格尊严不受侵犯。禁止用任何方法对公民进行侮辱、诽谤和诬告陷害。"这里的"用任何方法对公民进行侮辱"包括用宣扬他人

图 3-41 宪法

隐私的方法，而保护公民的人格尊严，也当然要保护公民的隐私权。

小 结

人际交往是一门大学问，事业的成功，15%由专业技能决定，而另外的85%则和个人的人际关系和处事技巧有关。因此，我们必须用心去建设良好的人际关系。良好的人际关系是成功的基石和"润滑油"。

本节课从倾听着手，引导学生认识沟通的基础是倾听，通过倾听能够获得对方内心真正的想法、培养亲和关系、提高沟通的效率，从而多管齐下，实现有效倾听。

在倾听的基础上，继续讲述在日常表达、课堂发言和公众演讲这三个方面，学生应该注意的相关问题，带领学生层层递进学习和掌握相关知识，从而不断锻炼日常表达能力，提高课堂发言水平，培养公众演讲的胆量和质量，做到出口成章。

 自我拓展练习

（一）倾听能力小测试（每题回答的选项有：经常、有时、很少）
1. 在听别人说话时，注视着对方的眼睛。
2. 通过对方的外表和讲话内容及方式来判断是否有必要继续听下去。
3. 说服自己接受讲话人的观点或看法。
4. 着重听取具体事例而不注意全面的陈述。
5. 不但注意听取事实的陈述，而且还参考事实背后别人的观点。
6. 为了澄清一些问题，要经常向讲话人提问。
7. 直到别人结束一段讲话，才对他的发言发表看法。
8. 有意识地去分析别人所讲内容的逻辑性和前后一致性。
9. 在别人说话的时候，预测他的下一句话，一有机会就插话。
10. 等到别人说完后才发言。

（二）得分标准

2、4、9、10题，回答"经常"得1分，回答"有时"得2分，回答"很少"得3分；
1、3、5、6、7、8题，回答"经常"得3分，回答"有时"得2分，回答"很少"得1分。

（三）测试分析

得分26分以上，具备很强的倾听能力，但在某些方面或许还有提高的余地；
得分20~26分，具备一定的倾听能力，但有待进一步提高；
得分20分以下，倾听能力较差，有待全面提高。

第四章 书面表达
——文从字顺，妙笔生花

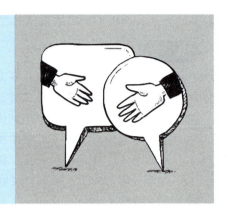

导读：

书面表达，顾名思义，就是用书面文章的形式将自己的观点、见解和态度表现出来（图4-1）。书面表达的优势在于直观明确，在书写过程中表达者有足够的时间去构思和润色内容，可避免出现口头表达观点遗漏，内容、逻辑性差等问题，在内容上做到深刻和全面。本章结合职业院校学生现状，从实际情况出发，向学生讲述书面表达相关内容，主要内容包含阅读、书写、请假通知及书信邮件写作等，重在引导学生深思熟虑，提高学生由阅读到写作的基本应用能力。

图4-1 书面表达

学习目标

知识与技能目标：掌握日常写作、课堂写作以及基本公文的写作技巧，敢于写作、善于写作、热爱写作。

过程与方法目标：通过分析案例、学习知识、小组讨论等，注意书面表达中需要注意的问题，提高书面表达沟通能力及阅读理解能力，有效规避书面沟通过程中出现的歧义。

素质目标：树立正确的书面沟通意识，养成良好的写作习惯。

学习重点

善于写作，规范写作，掌握在日常写作、课堂写作和公众平台中的写作沟通技巧。

第四章 书面表达——文从字顺，妙笔生花

学习难点

根据具体事项展开写作，达到标准要求；提高自我保护能力，有效规避因书面沟通所引发的纷争或矛盾。

第一节 阅读思考，远见卓识

导 入

中国诗词在上下五千年的历史中熠熠生辉，绚烂璀璨，对中国人的文化传承和阅读有着不可估量的影响，自然环境、人情世故、诗词文章相得益彰、浑然一体，如图4-2所示。

图4-2 自然、人、诗词浑然一体

2017年2月1日晚，在央视《中国诗词大会》第一环节的个人追逐赛中，武亦姝9道题全部答对，战胜百人团中的308人次，并于最后战胜上一届擂主，攻擂成功，获得冠军，成为新擂主。

武亦姝从小喜爱读诗词，把陆游、苏轼、李白作为自己"三大偶像"，只要一聊到古诗词，她就会抑制不住地兴奋："我觉得古诗词里面有很多现代人给不了我的感觉。比赛结果都无所谓，只要我还喜欢诗词，只要我还享受诗词带给我的快乐，就够了。"

武亦姝读的书既有《浮生六记》《人间词话》《聊斋志异》《红楼梦》《庄子》等古代经典，每周还会交错读《剑南诗稿》《小山词》《放翁词》。其凭借知识的广度与深度于2019年以613分的高分（上海高考满分为660分）被清华大学新雅书院录取。

思考讨论：
1. 武亦姝的成功有捷径吗？
2. 阅读为我们带来了什么？

一、阅读的定义

阅读是运用语言文字来获取信息、认识世界、发展思维,并获得审美体验与知识的活动,它是从视觉材料中获取信息的过程。视觉材料主要是文字和图片,也包括符号、公式、图表等。

阅读是一种主动的过程,由阅读者根据不同的目的加以调节控制、陶冶情操、提升自我修养。阅读是一种理解、领悟、吸收、鉴赏、评价和探究文章的思维过程。阅读可以改变思想、获取知识,进而改变命运。

让阅读成为一种生活方式

二、阅读的重要性

我们没有办法无限延续生命的长度,但却可以增加生命的宽度和厚度,读书便是最好的方法(图4-3)。

图4-3 开卷有益

(一)可以拓宽知识面,增长见识

著名文学家冯梦龙曾经说过:"要知天下事,须读古人书。"可见阅读对于拓宽知识面、增长见识的重要作用。通过阅读大量的书籍,我们可以了解到更多的知识,在书的海洋中,可以知道更多先贤的观点,从而让自己的大脑变得更加充实。

(二)可以提高修养和情操,减少浮躁的情绪

徜徉在知识的海洋里

在这个快节奏的社会中,人们容易变得浮躁,也容易变得暴躁。但是通过读书,可以让自己的内心得到安慰,在书的世界中,我们可以感受安静与美好,从而减少浮躁的情绪,即使嘈杂的环境也能让自己安静下来(图4-4)。读书也可以提高我们的修养和涵养,让我们拥有更高雅的情操。纵观古人故事,哪一个文人不是读万卷书,才能获得非凡的文采?可见读书的重要性。

第四章　书面表达——文从字顺，妙笔生花

图 4-4　读能生静

（三）可以培养人的关键能力

阅读可以提高我们的思维能力和语言表达能力，还可以锻炼自己的逻辑思维和分析能力（图 4-5）。同时，阅读还可以让我们更好地掌握语言技巧，这对于我们的学习和工作都非常重要。

图 4-5　读能生慧

三、阅读的三重境界和技巧

古人治学讲究"厚积薄发"，所以阅读学习的第一阶段，重点在于"独上高楼，望尽天涯路"，就是多看，要博览；第二阶段就是思考，《论语》中讲"学而不思则罔"，看了那么多东西，学会互相比较，和自己的经历比较，就有所得，就外显"衣带渐宽终不悔，为伊消得人憔悴"；然而，最终的成就要返璞归真，就是《大学》中说的"在明明德，在亲民，在止于至善"，也是《老子》中的"地法天，天法道，道法自然"。第三阶段是体悟自然的规律，顺应于这个规律，"从心所欲不逾矩"。可以概括如下：

初能望文生义，死记硬背，可小成。
进能变通运用，巧舌如簧，有一得。
终能深入浅出，知行合一，方大就。

（一）读书做学问时有三重境界

1. 昨夜西风凋碧树，独上高楼，望尽天涯路

王国维认为治学的第一境界是："昨夜西风凋碧树，独上高楼，望尽天涯路"，这词句出自北宋晏殊的《蝶恋花·槛菊愁烟兰泣露》（图 4-6），原意是说，"我"上高楼眺望所见

的更为萧飒的秋景,西风黄叶,山阔水长,案书何达?在王国维此句中解成,做学问成就大事业者,首先要有执着的追求,登高望远,瞰察路径,明确目标与方向。

图4-6 《蝶恋花·槛菊愁烟兰泣露》

我爱阅读

2. 衣带渐宽终不悔,为伊消得人憔悴

王国维的治学的第二境界是:"衣带渐宽终不悔,为伊消得人憔悴。"这引用的是北宋柳永《蝶恋花·伫倚危楼风细细》最后两句词,原词是表现作者对爱的艰辛和无悔。若把"伊"字理解为词人所追求的理想和毕生从事的事业,亦无不可。王国维则别有用心,以此两句来比喻大事业家、大学问者,不是轻而易举,随便可成功的,必须坚定不移,经过一番辛勤劳动,废寝忘食,孜孜以求,直至人瘦带宽也不后悔,如图4-7所示。

图4-7 人瘦带宽

3. 众里寻他千百度,蓦然回首,那人却在灯火阑珊处

王国维的治学的第三境界是:"众里寻他千百度,蓦然回首,那人却在灯火阑珊处。"引用的是南宋辛弃疾《青玉案·元夕》词中的最后三句。梁启超称此词"自怜幽独,伤心

人别有怀抱"。这是借词喻事，与文学赏析已无交涉。王国维已先自表明，"吾人可以无劳纠葛"。他以此词最后的三句为治学第三"境界"，即最高境界。这虽不是辛弃疾的原意，但也可以引出悠悠的远意，做学问、成大事业者，要达到第三境界，必须有专注的精神，反复追寻、研究，下足功夫，自然会豁然贯通，就能够从"必然王国"进入"自由王国"，如图 4-8 所示。

图 4-8　蓦然回首

（二）读书的方法和技巧

要明确书面文字是一种思维工具，能帮助我们快速获取知识。但是它又不仅仅是理解的工具，需要理解它背后的观点，不断提高认知层次（图 4-9）。那么如何才能快速读懂书面材料呢？

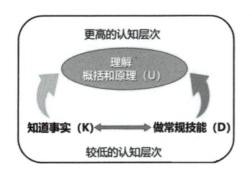

图 4-9　认知的层次

1. 不用"阅读时大脑一直在思考"，而是"把它放在脑海中"

我们在阅读时，经常会出现注意力不集中的情况，这个时候就需要我们把书放在自己的脑海中，暂时先不要看书，休息一会儿再开始阅读。"把这个当成是你阅读和思考本书的一种方式"，这样更容易养成良好的读书习惯。

2. 快速阅读，并反复阅读多次

快速阅读就是在保证阅读效率的前提下快速阅读，读完之后再对这本书进行反复阅读。这里要注意的是阅读是对概念、观点的完整理解，而不是理解一个概念本身。我们要理解某句话是否正确，就要理解某句话背后对应的背景知识有什么，作者的生平履历，这样才算是理解了一句话。

3. 反复思考，提炼出核心观点

读书并不是看完一本书之后就完事了，还要在看完书之后，将这本书再通读一遍。这就是所谓的读后即知不足（图4-10）。如果在读书期间不能将这本书的核心观点理解透彻，那么接下来，我们所读到的内容，可能会与之前所读的内容出现偏差。此时，就要把之前所读到的不理解的内容重新读一遍，直到将这些不理解彻底消化才能下结论。因为不同版本或者不同作者对于核心部分理解不一样，所以我们在理解时会存在偏差。当我们将自己阅读后的观点和所读到的内容进行对比分析后，才会发现不一样：有的是对原文理解后出现偏差；有的是作者对于核心观点把握不准；有的是作者在引用原文后出现偏差；有的作者通过举例和引用证明观点（也可以说是论证方式）。

图4-10 读后知不足

4. 对某本书进行多角度的复盘和归纳

对一本书进行一次多角度的复盘，找出其中的问题和不足，总结经验，吸取教训，从而提高我们阅读、思考的效率。当我们在读完一本书后，先在笔记本上记录下书中提出的问题并且进行思考；再以自己的视角对这本书进行全方位复盘和归纳总结，对这些问题形成自己的观点。这样我们不仅能在阅读过程中获得知识，还能提升自己解决此类问题的能力和思维空间。所以在阅读完一本书，并进行了多次复盘和归纳总结之后，我们再将这些总结归纳成自己思考后的结果，就可以形成自己完整的知识体系，也能更好地掌握一些重点知识。

> **案例链接**
>
> 鲁迅的"跳读"法：鲁迅先生认为："如果碰到疑问而只看那个地方，那么不管到多久都不懂的，直接跳过去向前进，反而连以前的地方都明白了。"这种方法是对陶渊明的"不求甚解"读书方法的进一步发挥。它的好处是可以由此节省时间，提高阅读速度，把精力放在对原著的整体理解和最重要的内容上。
>
> **思考：**
> 想一想自己在读书的过程中有哪些需要改进的地方。

第二节 字体临摹，铁画银钩

导入

大家都知道，现在越来越多的考试开始采用"电子阅卷"了，尤其是中考、高考这样的大型考试。而电子阅卷，对学生的书写规范和答题习惯也有了更多的要求。很多学生解题不规范，有些字迹无法辨认，容易引起歧义。字迹潦草则是电子阅卷中发现的答题不规范的最典型、最常见的情况，这样的答案经过扫描，阅卷老师能否看清就是一个问题，更别提给高分了。字迹潦草的试卷如图4-11所示。

图4-11 字迹潦草的试卷

思考讨论：
1. 如果书信写得很潦草，能否顺畅地传达写信人的真正想法？
2. 数字化时代，练好写字是否依然重要？

一、文字的含义

文字是人类用符号记录信息以传之久远的方式和工具（图4-12）。现代文字大多是记录语言的工具。人类先有口头的语言而后产生书面文字，其中还有很多小语种只有语言而没有文字。文字的不同体现了国家和民族的书面表达的方式和思维不同。文字使人类进入有历史记录的文明社会。

图 4-12　火字的演变

（一）文字的分类

文字按字音和字形可分为表形文字、表音文字和意音文字（图 4-13）。按语音和语素可分为音素文字、音节文字和语素文字。

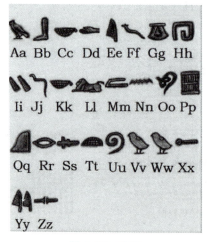

图 4-13　文字

文字

1. 表形文字

表形文字是人类早期原生文字的象形文字，比如，古埃及的圣书字、两河流域的楔形文字、古印度文字、美洲的玛雅文和早期的汉字。

2. 表音文字

表音文字用少量字母（大多不到 50 个）组成单词记录语言的语音进行表义的文字。表音文字可分为音节文字和音素文字。音节文字是以音节为单位的文字，如日文的假名。音素文字是以音素为单位的文字，如英文 26 个字母，西文 29 个字母，俄文 33 个字母。

3. 意音文字

意音文字是由表义的象形符号和表音的声旁组成的文字，汉字是由表形文字进化成的表意文字，所以汉字是语素文字，也是一种二维文字。

（二）文字的三要素

音——语音，形——字符形状，义——意义（图4-14）。学习一门语言，往往要连带学习它的文字，语言文字合并同类型为四要素：语音、字符、词汇、语法。

图4-14 "天"的音、形、义

二、练字的意义和好处

书法（图4-15）是中国优秀的传统文化，我们要弘扬的民族文化。练字可以陶冶情操，磨炼人的意志。一手字不仅是一个人的名片，更是衡量一个人语文素养高低的重要标志。字写得好不好看，与练习关系密切。练习写好字的好处如下。

图4-15 书法

（一）培养气质

气质是人的内在素质的外在体现。练字的人，在长期临字帖、读字帖的同时，还要学习书法理论，研究诗词歌赋，培养审美情趣，以增加涵养，努力使自己的字有丰富的内涵和人个风

格。随着书法水平的提高,思想认识水平、学识水平、审美情趣也会随着提高。练书法的人往往给人学养丰富、言行高雅、气度不凡的感觉和印象,如图 4-16 所示。

图 4-16 练字

(二) 益寿延年

由于人在书写时精神集中,心无杂念,高度放松,凝神入静,心、脑、手完全集中在对点、画的揣摩和书写,呼吸会随着运笔的缓、急、顿、挫自然而然地将"丹田"之气调匀,气息通畅即"通则不痛"。唐代名医孙思邈认为"气息得理,即百病不生。"

(三) 活跃思维

众所周知,脑子越用越灵活,练字的人展纸挥毫,斟酌推敲,需要全神贯注地思考和构思,大脑一直处在兴奋之中。医学专家证实,练字的人勤于思维,常动脑学习,会使大脑得到相应的锻炼,可以达到调节肌体功能和抗衰老的目的,有效地促进大脑组织的活力,增强记忆能力。

练字的好处

三、练字的方法

练字有一定的要求,眼、手、胸、两臂要求如图 4-17 所示。

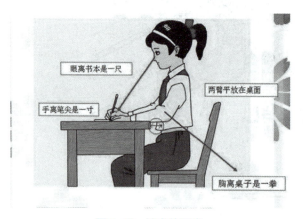

图 4-17 练字的要求

练字的方法

（一）硬笔

硬笔主要包括钢笔、圆珠笔、铅笔等，以墨水为主要载体，来表现文字书写技巧。具有携带方便、书写快捷、使用价值广等特点。它与软笔的区别在于变软笔粗壮点画为纤细的点画，去其肉筋存其骨质。硬笔字练习应从不求运笔快慢和轻重变化的字体练起。

（二）练眼，即认真读帖

宋代的书法家黄庭坚说："古代人学习写字并不都依靠临摹，他们常常把古人的书法作品张挂在墙壁上，专心致志地观看它，看准了才下笔。"唐朝的欧阳询发现了晋代索靖写的碑，爱不忍离，索性坐下读碑三天。读的帖越多，眼力就会越高，就知道了如何才能写好，好在哪里。

（三）练脑

在细心观察字帖的基础上还要把写得好的规范字牢牢地记在心里，把其字形深深地刻在大脑里，无论何时，一旦提到这个字，就都能想出这个字在字帖上的形状，做到"胸有成帖，脑有成字"。

（四）练手

练手主要是练指力、练腕力、练手感。写字的时间长了会感到手指发痛、手腕发酸，手不听使唤，多锻炼后这一现象就会消失。经常帮老师在黑板上抄题的学生和办黑板报的学生写字往往又快又好，他们的指力和腕力就是如此练出来的。还要注意练手感，让大脑能指挥手，感觉到笔已变成了手的一部分，变成了手的延伸，手能轻松地指挥笔，想快则快，想慢则慢，想轻则轻，想重则重，想写出什么样的效果就能写出什么样的效果。

（五）练结构

掌握汉字的结构，写出方方正正、结构美观的黑体字（图4-18），将其笔画稍加变化就能写出宋体、魏体、楷体、仿宋体、庞体、司马体、隶书等各种字体的汉字。如果掌握不住汉字的结构，无论如何对字的笔画进行修饰、美化，都是难看的赘物，越变越难看。所以掌握字的结构和写好黑体字是练好一切字体的关键和基础。

图4-18 美观的黑体字

（六）练笔画

1. 点

由左上方向右下方运笔，有一个运笔过程。注意"点"也是有长度的，不能乱（dū）

成圆点。

2. 横

由左至右平等运笔,关键是"横要平",不能一头高、一头低,也不能顿笔顿成波浪形。根据方块字的字形需要控制横的长短,不要太短或太长。

3. 竖

从上往下垂直运笔,关键是"竖要直",不能左右歪斜,更不能写成竖钩。根据方块字的字形需要控制竖的长短,不要太短或太长(图4-19)。

4. 撇

从右上方往左下方运笔,不要写成点撇或横撇。

5. 折

在写折笔时,折角宜方不宜圆。不要在转角处大肆顿笔,也不要写成脱肩的两个钝角,而要写成一个直角。

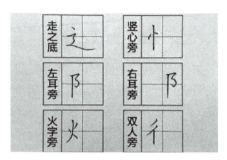

图4-19 竖

这样写出来的字,如用圆珠笔写,就是类似火柴棍的幼圆体美术字;如用钢笔书写,就是标准的黑体字。虽然笔画单调,但只要结构准确,照样美观好看。

第三节 请假通知,言简意赅

导入

考虑两种情况:第一,无论在学校还是工作单位,我们都会遇到紧急的事情,而这时又在上课或上班期间,我们应该怎么处理呢?第二,学校或工作单位要安排一些活动或工作,如何让每位同学或员工获取到相关信息呢?

很显然,第一种情况需要请假,第二种情况需要下发一个通知。那么书写请假条和通知需要注意哪些问题呢(图4-20)?

图4-20 如何书写通知

第四章　书面表达——文从字顺，妙笔生花

一、请假条的书写

> **案例链接**

明明的哥哥明天要进城参军，父亲想让明明陪哥哥一起进城。假如你是明明，现在需要写一张请假条给王老师。你该如何写呢？

让我们一起来看看"明明"的假条吧。

请假条

亲爱的王老师：

因哥哥明日参军，父亲让我陪哥哥一起进城。我和哥哥从小一起长大，感情深厚。他对我来说不仅是哥哥，也是玩伴，更是良师。如今哥哥即将离家参军入伍，一朝分离，心中甚悲。所以我必须陪他一起进城，不然心情无法排解。希望王老师能理解我们兄弟之间的深厚感情，批准我请假一天。

明明
2023 年 12 月 17 日

思考：

1. 从上面请假条中可以获取哪些信息？这些信息都是必要的吗？
2. 对上述请假条如何做出相应的修改？

这是否是你的请假条的样子呢？的确，现在我们之中的很多人对于请假条的写作都存在一些误区。认为请假条写得越抒情越好，以达到请假的目的。但其实，请假条只需要写明你的请假原因和请假时间即可，力求简洁明确。毕竟，批假条的人只需要了解原因和时间，你与哥哥之间的深情他不了解，可能也并不想了解。

因此，我们在写请假条时，应该尽量避免自我感动之类的抒情话语。同时要有力表达自己的需要。用"我要""我需"代替"我想""我可以"。

一般从标题、称谓、请假原因、请假起止时间、祝颂语、请假人签名和请假时间这七个方面展开，祝颂词（此致敬礼等）一般可省略。所以，明明的假条应该这么写。

请假条

尊敬的王老师：

您好！

明日我需送哥哥进城参军，无法到校上课，特请假一天。望批准！

此致

敬礼！

明明
2023 年 12 月 17 日

言简意赅

人际关系与沟通

> **思考讨论：**
> 1. 对比修改前的请假条和修改后的请假条，区别在哪里？
> 2. 修改后的请假条相比原请假条，优点是什么？

（一）请假条结构

（1）居中写标题"请假条"，这是所有应用文的通用要求，用来表明此文是用来请假的。

（2）请假对象的称呼，这个地方往往是老师、领导等，要用尊称。

（3）请假缘由，要实事求是。

（4）请假起止时间，这个非常重要，必须明确提出。

（5）祝颂语。祝福对方，这个是所有公文里都有的，表示对对方的友好。

（6）请假人签名。一般不用按手印，只需要签字即可。

（7）请假时间。填写当前写请假条的时间。

（二）请假条写作要求

（1）实事求是，不夸张，避免"找借口"的嫌疑。

（2）本人手书，请假条一般由本人手写，特殊情况下可由他人写，但需要在正文中说明，如果是打印版的请假条，则落款姓名要手写。

（3）请假条要简洁明了，一般只要求写清楚原因、请假的起止时间和希望得到批复即可。

（三）请假条格式

标题（居中）：请假条。

上款（顶格写部门的名称或领导人的名字）。

正文（请假缘由、起止日期及天数），如：因××需要请假，请假时间自××××年×月×日至××××年×月×日共×天，恳请老师/领导批准。

下款（标在右下）。

请假条具体格式示例：

请假条

_____老师：

　　我因_____需要请假_____天，希望老师能批准。

　　此致

敬礼！

请假人：_____

_____年_____月_____日

请假条

尊敬的公司领导：

　　本人于＿＿＿＿年＿＿＿月＿＿＿日登记结婚，根据国家有关婚假规定，本人可享受 3 天婚假。现特向领导请求休婚假，自＿＿＿＿年＿＿＿月＿＿＿日到＿＿＿＿年＿＿＿月＿＿＿日共计＿＿＿，请予以审批。

　　特此请假。

　　此致

敬礼！

请假人：＿＿＿＿＿＿＿＿

＿＿＿＿年＿＿＿＿月＿＿＿＿日

二、通知

（一）基本含义

　　通知，是向特定受文对象告知或转达有关事项或文件，让对象知道或执行的公文。

　　通知适用于批转下级机关的公文，转发上级机关和不相隶属机关的公文；发布规章；传达要求下级机关办理和有关单位需要周知或共同执行的事项，任免和聘用干部。

（二）适用种类

　　根据适用范围的不同，通知可以分为以下六大类。

　　（1）发布性通知：用于发布行政规章制度及党内规章制度。

　　（2）批转性通知：用于上级机关批转下级机关的公文，给所属人员，让他们周知或执行。

　　（3）转发性通知：用于转发上级机关和不相隶属的机关的公文给所属人员，让他们周知或执行。

　　（4）指示性通知：用于上级机关指示下级机关如何开展工作。

　　（5）任免性通知：用于任免和聘用干部。

　　（6）事务性通知：用于处理日常工作中带事务性的事情，常把有关信息或要求用通知的形式传达给有关机构或群众。

（三）使用范围

　　通知的应用极为广泛，比如下达指示、布置工作、传达有关事项、传达领导意见、任免干部、决定具体问题等都可以用通知。上级机关对下级机关可以用通知；平行机关之间有时也可以用通知。

（四）通知的六要素（图 4–21）

（1）时间：指的是通知发布和生效的时间。

（2）地点：指的是通知针对的地点或范围。

（3）参加人：指的是需要接受通知的人或组织。

（4）事情：指的是通知内容的核心，例如通知的原因、目的、要求等。

（5）通知人：指的是发布通知的主体，例如领导、老师、家长等。

（6）通知时间：指的是通知发布的具体时间，例如上课时间、放学时间、上班时间等。以上是通知的六要素的一般性概括，不同的通知具体要素可能会有所不同。

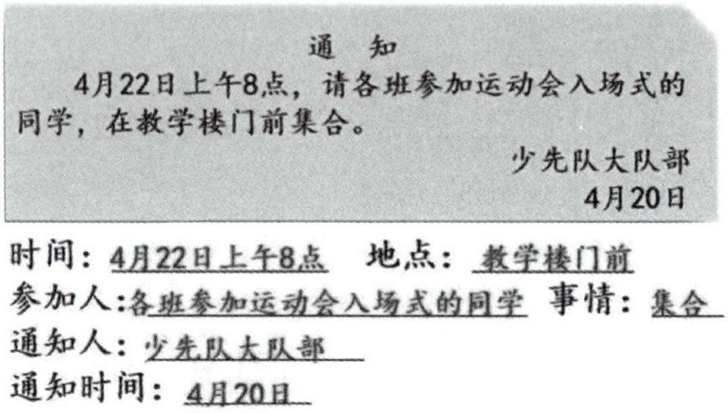

通　知

4月22日上午8点，请各班参加运动会入场式的同学，在教学楼门前集合。

少先队大队部

4月20日

时间：4月22日上午8点　地点：教学楼门前

参加人：各班参加运动会入场式的同学　事情：集合

通知人：少先队大队部

通知时间：4月20日

图 4–21　通知的要素

（五）写作要求

通知是我们在学校、单位，还有公共场所都可以经常看到的。通知的类型有很多，上级对下级的某项工作的要求和安排叫指示性通知。这种通知要注意把要求和措施部分交代清楚，可以分条也可用小标题的形式，这样才能便于下级执行。会议性的通知大家都见过，一般就是目的、会议的名称、内容、参加人员、会议时间、地点等，要注意把这些写正确，通知错时间、地点就是你的失职了。通知还有批转性通知、转发性通知，这类通知要简明扼要，直接陈述事宜即可。

有很多通知滥用介词，从而造成文题不通。比如“有关”“关于”，通知的事由一般都用“关于”，而“有关”就缩小了文题的内容含义，自然也就显得我们的水平太低了，还要明确上下级的关系等。

由于通知的功能多、种类多，写法彼此有较大的区别，我们在分类时已经有意识地对各种不同通知的写法做了一些介绍，这里只概括介绍一些写作通知的基本方法。

1. 通知标题和主送机关

（1）通知的标题

通知的标题一般采用公文标题的常规写法，由发文机关+主要内容+文种组成。如《中共中央办公厅 国务院办公厅关于严禁公费变相出国（境）旅游的通知》。

也可以省略发文机关，由主要内容+文种组成标题。如《关于印发〈规范国有土地租赁若干意见〉的通知》（国土资发〔1999〕222号）。

发布规章的通知，所发布的规章名称要在标题的主要内容部分出现，并使用书名号。

批转和转发文件的公文，所转发的文件内容要在标题中出现，但不一定使用书名号。如《国务院办公厅转发教育部等部门关于进一步加快高等学校后勤社会化改革意见的通知》。

（2）通知的主送机关

通知的发文对象比较广泛，因此，主送机关较多，要注意主送机关排列的规范性。如人事部《关于解除国家公务员行政处分有关问题的通知》的主送机关：各省、自治区、直辖市人事（人事劳动）厅（局）、监察厅（局）；国务院各部委、各直属机构人事（干部）部门、监察局（室）。

由于级别、名称不同，主送机关的名称和排列非常复杂，这个排列显然是经过深思熟虑后确定下来的。

2. 通知的正文

（1）通知缘由

发布指示、安排工作的通知，这部分的写法跟决定、指示很接近，主要用来表述有关背景、根据、目的、意义等。

晓谕性的通知也可参照上述写法。如《国务院关于更改新华通讯社香港分社、澳门分社名称问题的通知》，采用了根据与目的相结合的开头方式；《国务院办公厅关于成立国家信息工作领导小组的通知》，采用的是以"为了"领起的"目的式"开头方式。

批转、转发文件的通知，可以根据情况在开头表述通知缘由，但多数以直接表达转发对象和转发决定为开头，无须说明缘由。

发布规章的通知，多数情况下篇段合一，无明显的开头部分，一般也不交代缘由。

（2）通知事项

这是通知的主体部分，所发布的指示、安排的工作、提出的方法、措施和步骤等，都在这一部分中有条理地组织表达，内容复杂的需要分条列款。

晓谕性通知，有时需要列出新成立的组织的成员名单，以及改变名称或隶属关系之后职权的变动等。

（3）执行要求

发布指示、安排工作的通知，可以在结尾处提出贯彻执行的有关要求。如无必要，可以没有这一部分。

3. 通知实例

××市环保局关于转发《××县环保局关于开展环保自检互检工作的总结报告》的通知

各县（区）环保局，各直属单位：

××县环保局是我省环保工作的先进单位，积累了丰富的工作经验。近年来，他们通过开展环保自检和互检，有效地推动了环保工作的深入开展，并取得了良好效果。他们的经验

基本也适于我市。现将《××县环保局关于开展环保自检互检工作的总结报告》转发给你们，望参照执行，以推动我市环保工作的深入开展。

××市环保局
二〇二四年二月十六日

第四节　书信邮件，一丝不苟

导入

乐乐是一名职业院校的学生，他非常渴望成为一名共青团员，并希望通过这个平台更好地实现自己的梦想和目标，同时也想为社会做出一些贡献。

在学习和生活上，乐乐一直以认真负责的态度对待每一件事情，他时刻保持着进取心和积极向上的心态，不断地努力学习和提升自己。

终于有一天，乐乐的梦想成真了。他主动递交了入团申请书，又顺利地通过了团组织的选拔，成为一名共青团员。在入团仪式上，他庄重宣誓，表达了自己要坚持中国共产主义青年团的纲领和章程，为实现共产主义的理想而不懈奋斗的决心。

思考讨论：
1. 入团、入党的流程是什么？
2. 入团申请书、入党申请书如何书写？

在日常生活和工作中，书面材料是非常重要的内容。书面材料可以有效地将我们的想法用可以看得见、摸得着的方式记录下来，从而方便我们查阅和传递信息，并且每一种书面材料都有固定的格式，我们一定要严格遵循。

下面我们就来学习入团申请书、入党申请书、书信和邮件的书写格式。

一、入团申请书的写作格式

一丝不苟

（一）标题：一般写"入团申请书"

（二）称谓：一般写"尊敬的团组织"

（三）正文：主要包括以下内容。

（1）决心：我志愿加入中国共产主义青年团。

（2）对团的认识。

（3）入团动机和对待入团的态度，表明自己的入团愿望。

（4）个人在政治、思想、作风、工作和学习等方面的主要表现情况。

（5）今后努力的方向以及如何以实际行动争取早日加入团组织等。

（四）结尾：一般写"恳请团组织批准我的入团申请"，加"此致，敬礼"等用语。申请书的最后要署名及注明日期。

二、入党申请书的写作格式

入党申请书的写法、格式、要求以及注意事项一般来讲都是固定的，它的内容主要包括五个部分：标题、称呼、正文、结尾、落款。

正文要从接受申请书的党组织名称下一行空两格处写起。

申请书的正文部分一般篇幅较长，所以要注分段。下面我们将详细地分析入党申请书的具体写法。

（一）标题：入党申请书一般由申请内容和文种名共同构成。"入党申请书"题目要在申请书第一行的正中书写，而且字体要稍大，也可单独写在第一页上，字体醒目。

（二）称呼：要在标题下空一两行顶格写出接受申请书的党委的名称。一般写"尊敬的党组织"之类的话，后面加冒号。

（三）正文：正文书写规范要求如下。

（1）介绍个人的现实情况：对个人现实情况的介绍，是为了让党组织对自己现在的身份、情况有一个大致的了解，不用展开写，简明扼要即可。

（2）个人简历和家庭成员及社会关系的情况：这一部分的内容也要简单，无须多用笔墨，但也必须写清楚。对个人简历的写法，一般要求从上学时写起，到目前为止，只需依据时间的顺序，一项项地排列出来即可，主要家庭成员及社会关系的情况在申请书正文中可以简单地介绍一下，也可以不写，要视具体情况而定，有的家庭成员及主要社会关系可附在申请书后。

（3）入党动机和理由：入党的动机、理由要重点写。若申请的理由比较多，则可以从几个方面、几个阶段来写。

（4）对党的认识：对党的认识往往是同个人的成长经历有关的，这在申述自己入党动机时已有所涉及。这里指的是专门较集中的对党认识的文字。

（5）自己的心情、决心：这一部分是抒写自己入党的强烈愿望，表达自己的决心的部分。

（四）结尾：申请书可以有结尾，也可以没有。结尾一般写"此致，敬礼"之类表示敬意的话即可。"此致"空两格写，"敬礼"另起一行顶格写（均写在左下角）。

（五）落款：要署上申请人姓名和成文日期，均写在右下角，注意排列整齐。

（六）入党申请书要求用正规的原稿纸（即信纸）书写，并用黑色的签字笔书写。

（七）入党申请书中不能有错别字，以及严禁涂改。如果出现错别字就要重写，并且保持入党申请书的书面整洁。

三、书信的写作格式

书信格式由称呼、问候语、正文、日期、时间和署名组成。

（一）称呼：顶格，有的还可以加上一定的限定、修饰词。

（二）问候语：如写"你好""近来身体是否安康"等，可以接正文。

（三）正文：这是信的主体，可以分为若干段来书写。称呼和祝颂语后半部分顶格写，这是对收信人的一种尊重，是古代书信"抬头"传统的延续。古人书信为竖写，行文涉及收信人姓名或称呼，为了表示尊重，不论书写到何处，都要把对方的姓名或称呼提到下一行的顶头书写。它的基本做法为现代书信所延续。

（四）日期、时间：如"2023年8月3日"。

（五）署名：写上自己的姓名。

四、邮件的写作格式

（一）一封邮件的基本内容通常分为三部分：收件人、主题、正文，有时还会添加附件。

（二）接收人。接收人为传递信息或分布任务的对象。除了接收人之外还可以同时抄送给其他人，抄送对象由邮件重要程度而定。

（三）主题。主题要突出邮件的主旨，要让别人一看到这个主题就能大概知道你想传递的是什么事，比如：关于×××的安排，或者针对×××的建议。意思明确，引人注目。

（四）正文。首先是尊称，比如：尊敬的领导、亲爱的同事等，如果是领导或者长辈就说"您好"，如果是一般的同事就说"你好"。礼貌是最重要的，不管是对领导还是对同事。

然后就是正文的内容，要分主次，先总体表达要传递的意思，再用"第一/第二/第三/……"的格式详细描述。最后以祝福语结尾，注明写邮件日期和写邮件的人。

（五）附件。如果想要表达的信息或者材料内容较多，内存较大，也可以将它们作为附件添加进去。

邮件写作实例如图4-22所示。

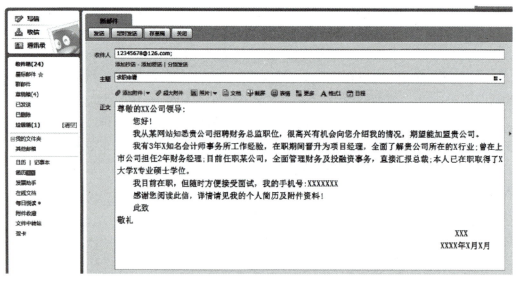

图4-22 邮件写作实例

第四章 书面表达——文从字顺，妙笔生花

小 结

　　与通常的口头语言表达相比，书面交流沟通的形式，是口头语言不可代替的，且有时候具有很独特的优势。因为书面语言大多是经过深思熟虑之后比较成熟的想法，既可以打好腹稿、草稿和提纲，写得全面周到，又能够婉转细致、循循善诱、娓娓道来，动之以情、晓之以理。况且，最大的优点是可以反复修改。

　　本章从阅读入手，让学生认识到通过阅读不仅可以拓宽知识面，提高修养和情操，还能提高人的思维能力和语言表达能力。若想达到阅读的三重境界更需要一定的阅读技巧，从而实现阅读的有效性；紧接着强调书写字体的重要性，以及写好优美字的重要性。

　　结合规范的书写，通过介绍请假、通知、书信及邮件等写作实例，引导学生深思熟虑，提高学生由阅读到写作的基本应用能力。

自我拓展练习

1. 认真阅读一篇文章，归纳文章的中心思想。
2. 认真阅读一篇文章，深入分析文章的结构。
3. 找一份字帖，认真临摹。
4. 去博物馆欣赏中国书法不同字体的特点。
5. 模拟写一份请假条，做到言简意赅。
6. 模拟写一份通知，做到结构完整，叙述清晰明了。
7. 模拟写一份入团申请书，做到内容详实，说服力强。
8. 模拟写一封信，做到结构完整，内容条理，情感真挚。

第五章 校园沟通
——良师益友，莫逆之交

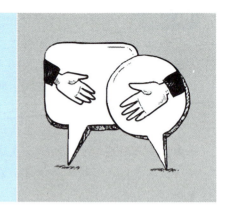

导读：

校园沟通是指发生在学校内的沟通交流，贯穿在校园生活的各个方面，是人际关系与沟通中重要的组成部分（图5-1）。本章结合职业院校学生的具体情况，理论联系实际，主要从师生沟通、同学沟通、室友沟通、与学校工作人员沟通等多个方面，讲述学生有可能遇到的沟通问题、需要注意的沟通事项及提高沟通效果的有效措施，有针对性地对学生进行系统、全面的沟通指导、教育和引导，促进学生人际关系的发展、校园沟通能力的提高及综合素质的提升。

图 5-1　校园沟通

学习目标

知识与技能目标：掌握校园沟通的基本准则和具体要求，具有一定的校园沟通能力，在日常校园沟通中展现良好的素养，进而提高自己的综合能力。

过程与方法目标：通过分析案例、学习知识、小组讨论、头脑风暴等，分析校园沟通中可能存在的问题，掌握校园沟通的方式方法，提高校园沟通能力。

素质目标：树立正确的校园沟通意识，养成良好的人际交往和沟通习惯。

第五章 校园沟通——良师益友，莫逆之交

学习重点

掌握校园中师生沟通、同学沟通、舍友沟通及在校园其他场合的沟通技巧。

学习难点

根据校园具体场合进行沟通应对，提升自身人际关系和沟通能力。

第一节 师生沟通，恩泽相报

导入

北宋时期，福建将东县有个叫杨时的进士，特别喜好钻研学问，到处寻师访友，曾就学于洛阳著名学者程颢门下。程颢死后，杨时又拜到其弟程颐门下，在洛阳伊川所建的伊川书院求学。

杨时那时已经四十多岁，学问也相当高，但他仍谦虚谨慎，不骄不躁，尊师敬友，深得程颐的喜爱，被程颐视为得意门生。

与杨时一起学习的游酢向程颐请求学问，却不巧赶上老师正在屋中打盹儿。杨时便劝告游酢不要惊醒老师，于是两人静立门口，等老师醒来。一会儿，天空飘起鹅毛大雪，越下越大，杨时和游酢依然立在雪中，游酢冻得实在受不了，几次想叫醒程颐，都被杨时阻拦了。

直到程颐一觉醒来，才赫然发现门外的两个雪人，此时雪已经下了一尺多厚。程颐深受感动，更加尽心尽力教导杨时，杨时也没有辜负老师的栽培，成了国家有用的人才，这就是"程门立雪"的故事，如图5-2所示。之后，杨时回到南方传播程氏理学，且形成独家学派，世称"龟山先生"。

图 5-2 程门立雪

思考讨论：

1. 在你的求学生涯中，哪位老师让你最难忘？什么事让你最难忘？
2. 如果你去请教老师问题，需要注意什么？

一、与老师交流的原则

老师在教育过程中担任着领导和指导的角色,具有丰富的知识和经验,可以提供宝贵的资源和指导意见。学生遵循与老师交流的原则,可以更好地受益于老师传授的专业知识和技能经验,同时建立积极的学习态度并促进和谐的师生关系。

(一)尊重信任

建立师生关系的基础是相互尊重和彼此信任。学生应尊重老师传授的专业知识和技能经验,接受老师的引导,站在老师的角度,理解、体谅、尊敬、信任老师。

(二)主动参与

积极参与课堂活动和问题讨论(图 5-3),主动表达自己的观点,在展现学习兴趣、活跃课堂气氛、调动其他同学积极的学习兴趣的同时,也能够得到老师的赞扬。

(三)相互沟通

与老师进行有效的沟通非常重要。对于自己不理解的内容,勇于向老师提出问题,请求老师帮助,以便与老师进行互动,促进更好的学习。

图 5-3 积极举手

(四)负责自律

在与老师交流时,若展现对学业的责任感和自我管理的能力,则能够帮助建立良好的师生关系,并提高学习效果。按时完成作业、参与讨论、遵守规定等都是展示责任感和自律的重要方式。

二、课堂与老师的相处

学生与老师相处最久的场所是在课堂上,因此,课堂上的互相尊重与有效沟通尤为重要。

(一)课前准备

每次上课前主动擦干净黑板、整理好讲台,依次打开计算机、投影仪等设备,这些事情可以让老师体会到学生的细心。

(二)按时上课

预备铃声一响,学生应全体到齐,端坐在教室里,保持安静,预习功课,恭候老师上课(图 5-4)。若自己因特殊情况,在老师上课后才进入教室,则应在得到老师允许后,方可进入教室。

第五章　校园沟通——良师益友，莫逆之交

图 5-4　等候上课

（三）认真听讲

上课时，学生应集中精神，保持专注，避免分心或走神，以饱满的情绪配合老师的节奏，充分理解老师所传达的知识和信息，积极思考，养成做笔记和按时复习的习惯，上好每一堂课。

尊师重教

（四）回答问题

在老师提问时，学生应当站起来回答。在学生回答问题时，站姿、表情要大方，说话声音要响亮，吐字要清晰。答不上来的问题应表示歉意："对不起，我还没考虑好。"在其他同学回答问题时，不应随便插嘴。若别人答错了，也不应讥讽嘲笑。如果要回答或补充问题，应先举手示意，并在老师点到自己时，方可站起来答题。切不可坐在座位上七嘴八舌地发言，也不要抢先答题。

（五）提问问题

思路清晰和表达准确是与老师有效沟通的关键。如果遇到疑难问题需要提问，那么可以在与老师交流之前，把要请教的问题写下来或者在脑海中整理好，以便明确地向老师提问；其次，请教问题的态度要谦虚，不要随意打断老师的讲述，若观点不同，可用征询语气委婉地说出自己的想法，谦虚地与老师探讨（图 5-5），不要反问和质问老师。

图 5-5　与老师讨论问题

怎么开口找老师帮忙

（六）关闭手机

课堂上应自觉关闭手机或把手机调成振动、静音模式。如学校有相关要求，应主动上交

手机（图5-6）。手机是人与人之间传递信息、交流感情的工具，但应放在课后使用。作为一个学生，课上不玩手机不仅是对老师的尊重，更是人与人之间最起码的礼节。

图5-6　主动上交手机

（七）遵守秩序

当听到下课铃响时，若老师还未宣布下课，学生应当安心听讲，不要忙着收拾书本或把桌子弄得乒乓作响，这是对老师的不尊重。待老师宣布下课，师生互道再见，老师离开课堂后，同学方能自由活动。

> **案例链接**
>
> 某天下午上课时间，老师在讲台上滔滔不绝，学生在座位上正襟危坐，从教室前面往后看，教室里坐着的是一群很听话的学生，时而低头整理，时而抬头望师，仿佛完全融入了课堂；但从后面往前看，这群"聚精会神"的学生陆续做着同样一个动作——低头发消息，而所谓的抬头只是在等待下一条消息的来临（图5-7）。
>
>
>
> 图5-7　老师的无奈
>
> 对于课堂上的"拇指一族"，老师和部分学生更多的是反感。一位学生说："我的同桌整天离不开手机，无论是上课还是下课，他都在聚精会神地玩手机，有时无聊了还玩游戏。虽然他把手机声音调到了振动，但是来消息时一振一振的，对我听课依然有影响。"一位老师说："我不赞成学生拿手机，学生本身好奇心强，自控力差，拿着手机极容易分散听课的注意力。一些学生在课堂上用手机发送消息，不仅会严重影响自己的听课质量，也会影响老师讲课的情绪。但现在家长对孩子要求很宽松，孩子要手机家长就给买，学校也没办法。"。
>
> **思考：**
> 在信息化时代的今天，我们该如何才能更好地维护课堂纪律？

三、日常与老师的相处

（一）主动向老师问好

学生要尊重老师，首先体现在礼节上的尊重：见到老师要有礼貌，能够做到主动热情打招呼；在与老师讲话时语气温和、语调平稳，说话时不要指手画脚。

1. 与老师相遇

学生在校园内与老师相遇时，学生应主动向老师打招呼，道声"老师好"（图5-8），问候老师的语言要因所处环境的不同而不同。对不知姓名的老师也应热情打招呼，对校领导可尊称其职务。

图 5-8 主动与老师打招呼

2. 与多位老师相遇

当遇见多位老师时，应目视全体说："老师们好！"然后再与较熟悉的个别老师问候交谈，切记不要对其他老师置之不理。当遇见老师与客人或家人在一起时，应先与老师打招呼再向其他人问好。

案例链接

某一天，记者在上学早高峰时来到北京海淀区一所中学，发现学生们见到老师表现各异：大多数学生都会主动问好；也有部分学生在看到老师迎面走来时绕道而行；还有的学生一进校园就低头溜边快走；更有甚者，在老师从身边走过并且主动叫到他的名字后，才不情愿地回一声"老师好"。

佟老师是这所学校高二年级某班的班主任，她告诉记者，大多数学生能做到主动和老师打招呼，但很多学生只和认识的老师打招呼，而当遇到不教自己课的老师时就不问好。还有的学生只挑自己喜欢的老师问好，不喜欢的老师就装作没看见。

思考：
1. 上述情况，你所在的学校是否存在？
2. 见到老师，我们应该怎么做？

（二）向老师提意见

1. 坦诚交流

对于很多在班级内发生的问题，如果老师不能了解事情的经过，就难以找到解决问题的正确途径和方法。因此，如果对班级的人、事、物有意见，则应该坦诚地告诉老师（图5-9）。此外，在提意见时，切勿固执己见，也不要强加于人，应谦虚谨慎、客观表达自己的态度，同时给别人保留不同观点的权利。不要用"我的意见绝对没错"类似的表达方式来同老师讨论问题。

图5-9　和老师坦诚交流

2. 注意语气

学生向老师提意见，也要注意语气和方式。否则不但不利于问题的解决，而且容易引起误解和反感。如果要提意见，一定要注意用礼貌、商量、交换意见的语气进行，不要武断地说"你这不对，你那不对"，更不能因为老师的失误而在言语中表现出不屑一顾。如果在听讲时发现老师讲话有误或有不当之处，也不要马上发表意见，这样做不仅可以避免分散其他同学的注意力，还能避免让老师当众难堪的局面。

案例链接

在高三的一次模拟考试中，班级排名第二的小华同学看到成绩单（图5-10）后，觉得自己的成绩应该更高，就仔细检查自己的答题纸，果然发现有一道5分的题因为字迹潦草，导致老师误判。这本不是一件大事，成绩还没正式公布，如果跟老师好好沟通那么分数是可以改过来的。但是他当时很生气，就当着全班同学的面找老师理论。他说："老师你怎么回事？怎么这么不认真，我明明写对了，你还不给我分，小丽根本没有我学习好，因为这5分让她排第一名了！"结果可想而知，不但老师没有给他改成绩，同学也与他产生了隔阂。

图5-10　成绩单

思考：
1. 小华在和老师交流的过程中犯了什么忌讳？
2. 如果你是小华，你会选择如何与老师交流？

（三）办公室注意事项

学生在送交作业或与老师交谈时，在老师办公室也应该遵守相关的礼貌规范。

1. 进出办公室

学生在进入老师的办公室之前，应先敲门，经老师允许后方可进入。进入办公室，应该放慢脚步，轻轻走到老师面前。若在办公室内遇到其他老师，则应主动问好。在办完事后，应立即退出，不宜久留。在退出时向老师说："老师再见"，然后轻轻关门。

进入老师办公室，我们应该怎么做？

2. 办公室交流

在教师办公室内行走应轻手轻脚，坐下时要保证身体端正。如果要找的老师不在，要有礼貌地向其他老师告辞。如果需要给老师留话，请别的老师转达，则可以说"老师，我找××老师有事，麻烦您转告一声，谢谢！"如果与老师事先约好了，则要按时到达约定地点（图5-11）。

图5-11　老师办公室

3. 不影响老师的工作

随意乱翻、乱看老师的物品是不道德的，也是对老师的不尊重。到办公室找老师，如果老师不在，就应该退出或坐下来静候老师。在办公室内，说话要尽量小声，不要发出太大声响，尽量不影响其他老师的正常工作。

进入老师办公室，哪些行为是不能做的？

（四）师生保持适当的距离

1. 师生间的关系

在职业院校中，老师与学生的关系以教育与接受教育为核心，就这层关系来说，"老师"与"学生"在社会角色上是固定的，师生间的关系必须掌握分寸，遵循行为准则。

2. 探访老师

学生一般不必去老师家探望、拜访老师。如果确有必要到老师家里，则应先打电话预约，当不速之客是不礼貌的表现。给老师打电话不要在中午打，因为老师可能有午休的习惯；到老师家里时，逗留时间不宜过长；当听说老师生病在家时，可视病情来选择打电话问候或去探望。如果病情较重，则应派代表前去探望、问候；可带少量礼物，如鲜花、水果等，如图5-12所示。

图 5-12　鲜花送老师

3. 避免财务关系

学生一般不要主动提出去老师家里吃饭、看电视等，更不要向老师借钱、借物，学生有很多，老师不可能人人都帮，一旦处理不好，就会影响师生关系。学生有困难，老师主动提出给予帮助时，要表示谢绝；如果接受了老师的帮助，则一定要及时表示真诚的感谢，千万不能不了了之，否则会被认为是一个没有修养的学生。

第二节　同学沟通，莫逆于心

导入

某职业学院的课间时间，在教室里，一个女生趴在桌子上睡觉（图 5-13），前面几个女生在开心地大声聊天，睡觉的女生突然坐起来，烦躁地把书往桌子上一摔，继续趴在那里睡觉。前面几个女生被她这个举动吓了一跳，很生气，继续故意大声说话。睡觉的女生坐起来说："没看见别人在睡觉吗？一点家教都没有！"前面几个女生一听，立刻站起来说："就你有家教，那你摔书给谁看啊？"于是她们吵了起来。

图 5-13　课间的教室

思考讨论：
1. 双方是否存在沟通不当之处？
2. 遇到这种情况，双方应该如何进行正确的沟通？

第五章　校园沟通——良师益友，莫逆之交

学校是一个大家庭，同学们来自全国各地，由于各自的家庭环境不同，脾气性格和爱好也不相同。同学们天天生活、学习在一起，相互之间交往频繁，要友好相处，避免矛盾。同窗之谊是人们最美好的感情之一，人生中最纯真的友谊是在校园结成的，最诚挚的朋友也往往是自己的同学。所以，在学生时代一定要珍视同窗情谊，相互关爱和帮助。

一、同学沟通的基本原则

在与同学日常的相处过程中，要谨记"三要""三忌"。

（一）"三要"

1. 要真诚相待

真诚相待方能赢得同学的信任。信任是连接友谊的纽带，真诚是同学间交往的基础。在同学学习落后、身体有恙或遇到挫折、不幸时，要及时给予真诚的帮助和关心。在平时的交往中，要宽以待人、与人为善，多替他人着想，就一定会获得同学们的友谊和赞赏。帮助他人的同时自己也能收获快乐，如图 5-14 所示。

图 5-14　助人为乐

2. 要言必信，行必果

在向同学承诺事情时，要考虑到责任，对没有把握或做不到的事情，不要信口允诺。允诺了的事情，无论遇到多大困难，都要千方百计地去完成（图 5-15）。如果因为其他意外的原因而无法完成，则应诚恳地向对方表示歉意，不能不了了之。

图 5-15　言必行，行必果

3. 要尊重同学

同学之间不管学习成绩或个人能力有多大差异，都要表现出基本的尊重。不要在学习比你好、能力比你强的同学面前表现得缺乏自尊和自信；也不要在学习比你差、能力比你低的同学面前表现得居高临下、盛气凌人；不要在同学面前说绝对话、过头话，不要事事表现自己、突出自己；不要扫别人的兴；也不要以质问的口气对人说话，否则是不尊重人的表现。只有尊重同学，才能得到同学的尊重，如图5-16所示。

图5-16　互相尊重

案例链接

在××职业学院的财务管理班里，班长总是自我感觉高人一等，不把同学放在眼里。有一次他组织一个活动，班里有同学没有明白是什么意思，他粗略地解答一遍之后，那个同学还是没明白，就又问了他一遍，他不耐烦地说："我讲得这么明白了，你怎么还没懂啊？真不知道你一天天在想什么！"有时候他还会用命令的语气跟同学说话，如："你给我把地扫干净！"他的表达方式引起许多同学的反感，最后导致同学们离他越来越远，全都不支持他的工作。在期末民主测评中（图5-17），他的分数很低，在下一届的班干部竞选中也落榜了。

图5-17　民主测评投票

思考：

1. 班长在和同学交流的过程中犯了什么错误？
2. 同学们为什么不再支持班长？

（二）"三忌"

1. 忌口无遮拦

在与同学的交往中，每说一句话，都要考虑一下你说的话是否合适，不要口无遮拦，想说什么就说什么。除亲密好友外，最好不要对他人的个人卫生状况妄加评论。对钱财、个人隐私问题，如果别人不说，切记不要追问。也不要评论他人是非，更不能无事生非、捕风捉影、传播小道消息。俗话说："良言一句三冬暖，恶语伤人六月寒。"在与同学交往中，应当尊重对方，而不要自以为是、出言不逊。口出恶言不但伤人，而且有损自身形象。

2. 忌开玩笑过度

同学之间适当地开玩笑可以活跃气氛、融洽关系、增进友谊。但开玩笑一定要适度，要因人、因时、因环境、因内容而定（图5-18）。开玩笑最好选择对方心情舒畅时，或者对方因小事生气时，通过玩笑把对方的情绪扭转过来。"人上一百，形形色色"，人的性格各不相同，与宽容大度的人开玩笑，可调节气氛；与女同学开玩笑，要适可而止，不要有过分的话语；对于性格内向、多思善疑的人，尽量少开玩笑或不开玩笑。

玩笑别太过，不然都是祸

图5-18 真诚

案例链接

某职业学院教室里前后桌几个同学在聊天，不知不觉聊到了"胖"这个话题。前排有一个微胖的女生，平时性格大大咧咧的，对别人开玩笑的话也不放在心上。这时候，后排男生用"胖"这个字眼来打趣她。刚开始还没什么，后来这个男生一直说个不停，女生的脸色有点不好看了，但是男生还在说，女生一气之下拿起桌上的书扔向男生，两人便吵了起来，经过大家的劝说才停止争吵，但是在这件事情之后两人就不再说话了。

思考：

1. 你有没有说过类似的话？
2. 男生这样做为什么不对？

3. 忌随便发怒

达尔文曾说："脾气暴躁是人类较为卑劣的天性之一，人要是发脾气就等于在人类进步的阶梯上倒退了一步。"可见，动辄发怒是不文明的表现。在与同学们的交往中，大家都愿意与性格豪爽的人交往，因此，要表现的有气量、有涵养。俗话说："气大伤身"，发怒既伤身体，又影响形象。动辄发怒生气的人将会失去朋友，如图 5-19 所示。

图 5-19　禁止随便发怒

盘点易生气的 4 类人，你是不是个"火药桶"？

二、同学之间沟通的技巧

人人都希望得到别人的容纳、承认和重视，怎么做才能让别人喜欢呢？

（一）主动与人交往

如何克服社交恐惧

做人际交往的始动者，掌握人际交往的主动权（图 5-20）。每个人都有喜欢亲近和自己熟悉人的倾向，因此，要想增强人际吸引力，就要主动提高对方与你的熟悉程度。提高熟悉程度的主要方法是互动接触，互动接触越多，熟悉程度越高，人际关系越容易密切，正如常言所说的"亲戚越走越亲，朋友越走越近"。在亲密的人际关系形成以后，还要注意维护这种关系，如果不再沟通交往，也会产生陌生感、疏离感，密切的人际关系也会趋向淡化。

（二）走进对方心灵

在人际交往的过程，实质上是交往双方寻求需要、适度满足的过程。在交往中，如果一个人能够适度满足对方的物质或精神需要，则对于对方来说就会有较强的吸引力。比如给家境贫困的同学送上他急需的物品，给后进的同学打气和鼓励，多花一些时

图 5-20　主动交流

间陪伴处于孤独迷惘中的同学，那么你就会逐渐成为对方希望接近、需要感恩、想要回报的人（图 5-21）。与朋友相处，如果我们恪守"己欲立而立人，己欲达而达人，己所不欲，勿施于人"的原则，设身处地去体悟对方之所欲、之所不欲，才能成为一个善解人意的人，一个走进对方心灵的人。

图 5-21　帮助他人

站在他人的角度看问题

（三）关注对方所思

关注对方所思，就是与他人交往时要善于倾听，在倾听别人谈话时要精力集中、富有耐心。倾听的同时应主动反馈，用微笑、点头等方式暗示你能理解他的感受、见解，鼓励对方更加自由、流畅地表达他的观点，这样的做法显示了对对方人格的尊重、观点的重视，是赢得友谊的诀窍之一。卡耐基曾说："只要你对别人真心感兴趣，在两个月之内，你所得到的朋友，就会比一个要别人对他（她）感兴趣的人，在两年内所交的朋友还要多"。

（四）培养良好个性

个性品质、能力是人的内在素质，它们对人际交往的影响持久、稳定、深刻。尤其是个性品质，往往是人们选择朋友的首要因素，吸引朋友的个性品质有：真诚、宽容、自信、幽默等。

（五）提高个人才智

虽然个人才智不直接决定人际关系的和谐与否，但它决定人际吸引的强弱。在其他条件相当时，一个人越有能力、才华，人们对其就越尊重、钦佩、仰慕，因为大家都崇拜和羡慕有真才实学的人。"腹有诗书气自华"，充分挖潜、培养特长，使自己在学业、才艺、组织协调能力等方面出类拔萃、卓尔不群，是提高自身人际吸引力的重要方法，如图 5-22 所示。

自我提升的 8 个好习惯

图 5-22　腹有诗书气自华

三、道谢与道歉

同学之间互帮互助随处可见，但也难免出现偶尔的摩擦、碰撞。学会道谢与道歉，可以增进友情，化解矛盾。

（一）道谢

同学之间相处，谁都离不开别人的帮助。无论何时何地，只要别人为你提供了服务、帮助，为你付出了时间、精力或者劳动，就都要表示感谢（图5-23）。常用的致谢语是"谢谢""非常感谢""多谢""太感谢了"等，这是礼貌用语中最基本和最简单的用词。

图5-23　感谢

只要别人为你提供了帮助，那么无论大小，就都要真诚地向对方致谢，而不能敷衍了事。所以，在致谢时的表情、语调、体态一定要透露出"真诚"。

当别人向你实施帮助时，你要及时地向对方致谢。一声"谢谢"，意味着你已意识到别人提供的帮助。忽略这一点，则是非常失礼的行为。这会使对方在客观上造成一种错觉，似乎你把别人的帮助看作理所当然，或者你对他的帮助表示不够满意。如果别人向你提供帮助时付出了财或物，还应视情况适量偿还。

致谢的方式多种多样，有口头致谢、电话致谢、书面致谢、由他人转达等。总而言之，我们要学会及时地对人道谢，这将有助于创造一个助人为乐的良好校园风气。

（二）道歉

受到帮助向人道谢是有礼貌的行为，做错了事主动道歉同样也是有修养的表现。

最好的道歉方式

俗话说"智者千虑，必有一失"，学会道歉是消除误会、弥补过错、化解矛盾的重要形式。一般下列几种情况应向别人道歉：一是你不小心说错了话、做错了事或无意中损害了别人的利益时，必须向对方道歉；二是有失礼貌，受到别人质问或指责时，应主动说明情况，并表示歉意；三是参加集体活动，由于迟到、早退而让大家等着急时，应表示歉意；四是在事先估计到可能会影响别人的学习、工作或休息时，应提前表示歉意，如图5-24所示。

图5-24　道歉

表示道歉的礼貌用语有"对不起""实在对不起""失礼了""请原谅""打扰您了""这是我的错""真过意不去""请您多包涵"等。

当别人向自己致谢或道歉时，应回答"没关系""不必客气""这是应该做的"等。总之，我们强调同学之间要讲礼仪，但并不是说所有情况都僵守不必要的、烦琐的客套和热情，而是强调同学之间要相互尊重，不能过于随便，以免引起隔阂与冲突。

第三节 室友沟通，同室为亲

导 入

在重新分宿舍的时候，没有一个人愿意跟小涛住一起，因为平时大家都不愿意理他（图5-25），不了解情况的人都奇怪这是为什么。事实上，小涛是一个这样的人：在校期间他不爱洗澡，经常一星期都不洗，身上有很大的味道；他去别的宿舍玩时，一声不响就拿走别人吃的东西；借别人东西不还，别人跟他要的时候就说东西就不见了，而且也不说声"对不起"；别人跟他说的秘密总会被他传出去，开始也有几个同学对他很好，但他在背后说人家坏话。最后小涛变成了人人讨厌的孤家寡人，一个朋友都没有了。

图 5-25 不受欢迎的同学

思考讨论：
1. 同学们为什么不爱搭理小涛？
2. 小涛该如何与同学相处？

一、室友交流的原则

（一）互相尊重

尊重室友的个人空间、隐私和生活习惯。避免在不经允许的情况下擅自使用室友的物品。

（二）公共空间的卫生与整洁

共同负责宿舍的清洁和卫生，定期进行卫生打扫和垃圾清理。

（三）噪声控制

避免在宿舍中制造嘈杂的声音，特别是在休息或学习时间，如图5-26所示。

图 5-26　噪声的困扰

案例链接

××职业学院的学生宿舍楼规定在 22:30 统一断电,大部分学生在 22:30 前基本上都能收拾完准备上床睡觉。但是四楼有几个同学依然很兴奋,他们大声地放音乐,并且大喊大叫。楼下宿舍的同学都准备睡觉了,屋里很安静,由于暖气管道有传导声音的作用,楼上传来的噪声让屋里的同学们很烦。楼下的同学终于忍无可忍,打开窗户对楼上大声喊:"你们干什么?大半夜叫什么呀?"楼上宿舍的同学不甘示弱,回应道:"要你管?我高兴!怎么了?好好睡你的觉吧!"由此开始,楼上一句、楼下一句,吵得不可开交,直到值班辅导员(班主任)前来制止。

思考:
1. 他们为什么会吵起来?
2. 如果遇到这种情况,你会怎么办?

(四)良好沟通

保持开放和坦诚的沟通,及时解决宿舍中的问题和冲突(图 5-27)。尽量通过理性的方式和室友进行交流,避免冲动行为和争吵。

图 5-27　良好沟通

(五)公平分配任务

公平地分担宿舍的日常任务,如打扫、购物等,确保每个人都承担一定的责任。可以通过轮流分配、能力与偏好商讨、定期轮换等方式，保证共同遵守分配任务的约定，避免过度依赖一个人或少数人承担大部分任务。

> **案例链接**
>
> ××职业学院宿舍住着三个男生，其中两个人有些懒，不愿意收拾宿舍卫生。他们宿舍的垃圾桶每次都是小张去倒的。有一天，小张从外面回到宿舍，看到宿舍里到处都是垃圾，屋里乱糟糟的，他非常生气地说："你们两个从来不干活，每天把宿舍弄成这样，就等我收拾吗？"由于他语气太冲，一时间令其他室友难以接受。其中一个室友生气地说："谁也没逼着你收拾！"接着就你一言、我一语地吵了起来。
>
> 之后两人都深刻反思了自己的言行，小张很后悔自己一时冲动发了脾气，他觉得如果自己换一种说法，就不会这样了。第二天，他主动跟室友道歉，承认自己当时态度不好，对方也认识到自己的错误，也向小张道歉。从此以后三人和睦相处，另外两个同学也开始打扫卫生了，如图5-28所示。
>
>
>
> 图5-28 共同打扫宿舍
>
> 思考：
> 1. 如果你是小张，会如何与室友沟通？
> 2. 另外两位同学错在哪了？

（六）尊重他人时间和学习空间

尊重室友的学习时间和私人空间，避免在他们需要学习或休息的时候有打扰或干扰的行为。

（七）解决冲突

如果宿舍内部出现冲突，尽量通过成熟、冷静和客观的方式解决问题。可以考虑寻求辅导员或校园相关部门的帮助，如图5-29所示。

图 5-29　解决纠纷

（八）共同规定

建立宿舍共同规定，以保持宿舍内的和谐与秩序。这些规定可以包括作息时间、来访规定、卫生要求等。

通过这些注意事项，可以共同创建一个愉快、舒适、和谐的宿舍环境。

二、室友相处的方式

（一）养成良好的个人习惯

良好的宿舍关系

保持个人良好的生活习惯，尊重、理解、宽容别人的生活习惯，切忌以自我为中心，不要错误地认为个人生活习惯与他人无关，是个性的表现。比如将吃完的果皮丢在地上，书桌经常布满尘土，脏衣服长时间浸泡不洗，洗过的衣物晾晒在室内等。

生活习惯代表个人的生活方式。良好的生活习惯不仅能促进个人的身心健康，而且对人的未来发展有间接的帮助。职业院校的学生精力旺盛，又处于长身体、长知识的阶段，良好的生活习惯是确保他们顺利度过在职业院校学习阶段的一个重要基础。为了达到身心健康的目的，从进入学校起，就应重视这个问题，培养良好的生活习惯，并防止不良生活习惯的形成。

（二）自觉遵守宿舍纪律

自觉遵守宿舍纪律，团结同学，相互关照，严于律己，宽以待人。集体宿舍是 4~8 个人在一起生活，必须有统一的作息制度。大家只有共同遵守制度，才能减少争执，消除摩擦，维持正常的生活秩序。如果你是"夜猫子"，在别人睡着后，你还洗漱走动，就会吵醒别人，影响他人休息，进而引起室友们的不满。确因特殊情况需晚睡或早起，应尽量减少对室友们的影响。借用同学东西，要征得对方的同意，用后要及时归还，若有损坏应照价赔偿。不能随手乱丢东西，如遗失物品，也不要胡乱猜疑别人。在宿舍里不要高声谈笑，在听收音机或录音机时，要尽量使用耳机，以免影响他人休息，如图 5-30 所示。

图 5-30　宿舍戴耳机

第五章　校园沟通——良师益友，莫逆之交

> **案例链接**
>
> ××职业学院学生宿舍住了6名女生，其中阿芳特别爱干净，每天晚上都要洗衣服，然后收拾床铺（图5-31），直到半夜12点才上床睡觉。时间长了，宿舍里其他同学都很不满。有一天她又很晚还在洗衣服，宿舍长特别生气地说："你能不能把衣服留到白天洗？你每天这样让别人怎么睡觉，有点公德行不行啊！"阿芳听了也很生气，立刻反驳说："这是我的衣服，我想什么时候洗就什么时候洗，你睡不着是你的事"。宿舍长说："你洗衣服弄那么大噪声，让人怎么睡呀？"说完便把她的洗衣盆踢翻了，两人因此动手了，那天大家都很晚才睡觉。
>
>
>
> 图5-31　收拾卫生
>
> 思考：
> 1. 如果宿舍长开始能好好沟通，心平气和地提醒阿芳，是不是就不会发生"战争"了？如果你是宿舍长，你会如何委婉地提醒阿芳？
> 2. 阿芳在平时与室友的相处中，需要注意什么？

（三）保持言谈举止文明

在宿舍内，应与在学校其他场所一样，不与同学疯打，不搞恶作剧，不开过分玩笑，不拿同学的生理缺陷取笑，不叫同学的绰号，不讲粗话、脏话，不抽烟、不喝酒、不赌博等。

"卧谈会"是宿舍里的常见活动。室友们互说见闻、表达观点，本来是一件愉快的事，但也往往会让大家互相争执、引发矛盾。要杜绝夸夸其谈、强词夺理、高声喧哗等不文明现象，要营造相互尊重、平等交流的宿舍文化氛围，这样才能融洽集体气氛，共创和谐宿舍。

在宿舍与其他成员交流时，要选择合适的时间，不影响自己和他人的休息；话题健康向上，融知识性、高雅性于一体，使人上进；开玩笑要掌握好火候，达到调节气氛、沟通感情的效果，如图5-32所示。

图5-32　宿舍和谐相处

案例链接

在××职业学院里有两个女生，小李和小王，她们住在同一间宿舍，本来是很要好的朋友（图5-33），后来产生了矛盾，相互之间就不再说话了。事情经过是这样的：小李嗓门大、性格开朗，为人热情、善良，说话直来直去。有时候在别人休息的时候也大声说笑，走路、拿东西的动静都很大，为此小王曾经提醒过她几次，但是小李有时候还是不注意，小王对此很不满。小李经常替小王买饭，有一天她卡里钱不够了，还要替小王买饭，就大着嗓门对小王说："你就不能早点起来，自己去买饭吗？总让人家给你带！"结果俩人就开始吵起来，以往积攒在心里的怨气也都爆发出来，从此两人同住一个屋檐下，却形同陌路、不再讲话。

图 5-33　正确交流

思考：
1. 小李和小王的关系为什么会变成这样？
2. 她们怎么做才能修复关系？

（四）关心他人，爱护公物

若同学有困难应主动帮助，同学有病要主动关心照顾（图5-34）。良好的人际关系是以互相帮助为前提的，当室友遇到困难时，我们应当主动伸出援助之手；那么，当我们有困难时，也可以向室友求助，因为求助能表明你对他人的信任，融洽你和室友的关系，加深你们之间的感情。但我们在求助室友时，要讲究分寸，不要提超出对方能力范围之外的要求，以免使他（她）们为难。

图 5-34　关心同学

要节约用水、用电，爱护集体宿舍的各种设备，若无意中损坏公物，则要主动承认并自觉赔偿。好好使用并保护好宿舍中的家具物品；在使用水龙头、晾衣绳及电话等公用设施时，应尽量礼让他人，不能故意破坏；讲究公共卫生，分工合作，保持宿舍清洁。

职业院校的同学来自五湖四海,许多人在家里被娇生惯养,每个人的生活习惯也不一样,很容易产生矛盾,关键是如何处理。只要大家真诚沟通,多站在对方的角度想问题,就能处理好彼此之间的关系,成为好朋友,如图5-35所示。

图5-35 初次相识

第四节 和谐校园,井然有序

导 入

在一次表彰典礼上(图5-36),大会主持人宣布开会了,这时有几个同学不慌不忙地走进来,东张西望地找了几个座位,引起周围同学一阵骚乱。过了一会儿,他们又侃起了网络游戏,还对发言者进行了一番评论,让周围的同学无法听清代表的讲话,转而都对他们侧目而视。在老师的教育下,会场开始肃静下来。突然一阵电话铃声响起,一个人忙取出手机,一边接电话一边匆匆地离场,周围的人纷纷起立让位,又出现一阵骚乱,不仅影响了其他听众听取发言,而且中断了发言者的讲话。

图5-36 表彰大会

思考讨论:
1. 这几个同学的行为合适吗?
2. 出席大会,我们需要注意什么?

校园公共场所是同学们生活、学习和娱乐的地方，每个同学都应该自觉遵守秩序，维护校园环境。

一、与安保人员交流

学校保卫处是学校后勤管理部门中的一个重要部分，主要职责是维护学校的秩序，保护学生的安全（图5-37）。学生日常接触最多的安保人员是门卫，为了营造良好的校园安全环境，要主动配合他们的工作。

图5-37 学校安保人员

（一）遵守规定

学生应了解并遵守学校的规章制度，包括校园里的行为规范、进出校园的限制等。在与门卫交流时，学生要尊重门卫的指示和规定，并积极配合他们的管理。

（二）凭证验证

在学生出入学校时，门卫通常需要核实学生的身份，学生需主动出示或提供相关凭证，如校园卡、学生证、请假条等。

（三）礼貌待人

学生与门卫交流时，要保持礼貌和友好的态度，尊重门卫的职责和岗位，使用恰当的语言和态度与他们进行沟通。

> **案例链接**
>
> 安娜在一家公司上班，负责冷鲜产品的对账入库。有一天快要下班的时候，经理安排她跟同事一起去冷库检查。他们分头工作，同事干完活没注意她还在冷库里，在走时随手锁上了冷库的门。
>
> 更糟糕的是，她还忘带手机了。恐惧又无奈的她，只能大力拍打着冷冻室的门大声呼救。然而当时工人们都下班了，没有同事听得见。她苦苦支撑，最终还是冻晕了过去，在苦熬了1个小时后，没想到一位门卫大叔突然打开了冷库门，将她从死亡线上拉了回来。

第五章 校园沟通——良师益友，莫逆之交

令人费解的是，这位门卫大叔并不负责管理冷库，只负责公司大门的警卫（图5-38），他怎么会这时候去开冷库门呢？

这位大叔说，"我在这家企业工作了35年，每天数以百计的工人从我面前进进出出，她是唯一一位早上向我问好，下午跟我说明天见的人。而今天我明明看见她早上跟我说早上好了，却一直没有听见她说明天见，所以越想越觉得不安，便四处寻找，这才及时找到了她"。

思考：
是什么让安娜死里逃生的？

图5-38　热情的门卫大叔

二、与食堂人员交流

食堂的工作人员为了让我们能摄入更为丰富的营养，一顿饭往往要花3~4个小时的时间去准备，待学生吃完之后，还要整理清扫偌大的食堂，这样每天周而复始。我们应该珍惜他们的劳动，尊重他们的劳动，理解他们的劳动。

（一）日常交流

学生可以直接与食堂工作人员进行口头交流，如询问菜品内容、饭菜的价格等，但要注意使用礼貌的语言和友好的态度与工作人员进行交流。

（二）食品问题解决

如果学生发现食品有质量问题或卫生问题，应及时向工作人员反映，工作人员会采取适当的行动，如检查食品质量、重新更换菜品或进行赔付等。同时，学生也可以向学校的食堂管理部门或相关负责人反映问题，以便进行进一步的调查和解决问题。

（三）特殊饮食需求

有些学生可能有特殊的饮食需求，比如吃素食、有食用过敏的食物等。学生可以与食堂工作人员进行沟通，告知他们自己的特殊需求，以便食堂能提供合适自己的饮食选择，如图5-39所示。

图5-39　食堂打饭

三、与宿舍管理人员交流

（一）日常交流

学生可以主动与宿舍管理人员进行日常交流，例如日常问候、向他们请教宿舍相关的问题等，但要选择合适的时机，如在宿舍值班期间或在指定的办公时间内，以确保他们有足够的时间与你交流。

（二）配合管理

学生应了解并遵守宿舍的规章制度，包括宿舍内的行为规范、晚归时间限制等。如果学生带有违禁物品进入宿舍，或者在宿舍内发现其他学生携带违禁物品，那么在与宿舍管理人员进行交流时，要诚实地说明情况，并积极配合处理措施，如图5-40所示。

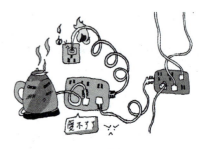

图5-40　违禁物品

（三）晚归申请

如果学生确实需要在规定的晚归时间之后返回宿舍，则应向他们解释晚归的原因，如实训加班、去医院看病等，并承诺遵守其他规定，以便得到批准，切不可与管理人员发生冲突。

> **案例链接**
>
> "以前还没有门禁的时候，总会有学生三更半夜才回宿舍（图5-41）。以前还发生过一件事，早上开门是6点钟，有个女生早上5:50的时候就叫我开门，说是有急事，然后我就开了门。后来有个家长6点多的时候就一直站在门口，问了之后才知道，早上出去的女生与家里人闹矛盾，家人赶过来找她，但是没等到她。那个家长就质问我，没到开门的时间怎么就开门了呢？出事怎么办？学校党委书记就紧急开会，号召所有人找那个女生，终于第三天的时候找到了，终于松了口气，那个时候真的是提心吊胆啊，生怕出事。"
>
>
>
> 图5-41　宿舍晚归
>
> 阿姨说完之后松了一口长气，脸上紧张的表情也慢慢放松了下来，眼神也定了下来，然后表情担忧又略带严肃地说："幸好没事啊。"
>
> 思考：
> 1. 学校为什么要设置宿舍门禁？
> 2. 你有过晚归宿舍的情况吗？

四、与图书馆管理人员交流

（一）尊重与礼貌

当我们与图书馆管理人员交流时，需要保持礼貌和尊重，可以表达自己的需求或提出问题，但要注意以文明的方式进行沟通，包括使用适当的称谓、礼貌的语气和恰当的措辞，并避免使用粗鲁或冒犯性的言辞。

（二）行为规范

在图书馆内保持安静，遵守图书馆的规章制度，不要大声喧哗或干扰他人，也不能吃东西，爱护图书馆的环境（图5-42）。如果有不合适的行为，管理人员前来劝阻，应表示歉意并及时改正。

图5-42　图书馆安静看书

进馆注意事项

（三）表达感谢

在图书馆管理人员对自己提供帮助或解决问题后，应表达感谢之情。

小　结

校园生活是步入社会前的适应训练，在职业院校的生活中，我们会遇到不同性格的同学和老师，只有掌握正确的人际交往和沟通方式，保持良好的心情和轻松的心态，与周围人保持愉悦的关系，建立优秀的交往圈子，打造良好的学习氛围，才能愉快地度过校园时光。

在校园生活中，首先要保持积极的态度，始终以积极、乐观的心态去对待周围的人和事情，得到其他人的好感和信任；其次，在沟通过程中，文明用语，尽量避免使用攻击性语言，以免引起冲突；在学校里，维护自己良好的形象也是很重要的，包括注意自己的仪表、言行举止等；最后，多参加学校组织的活动、社团等，可以结交更多的人，扩展自己的社交圈子。

本章讲述在师生沟通、同学沟通、室友沟通及和谐校园这四个方面，学生应该注意的相关问题。带领学生层层递进学习和掌握相关知识，从而不断提升校园生活交往沟通的能力，处理好校园的人际关系。

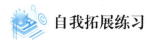 自我拓展练习

同学关系小测试

本测验可用来帮助学生了解自己与同学的关系，以及自己在与同学相处过程中存在哪些典型的行为问题。由 28 个陈述句组成，每个句子后面列有"是"和"否"两种答案。请根据自己的实际情况，选择一种答案，并在"是"或"否"旁的方格中划勾。

(1) 关于自己的烦恼有口难言。 □是 □否
(2) 与生人见面感觉不自然。 □是 □否
(3) 过分地羡慕和妒忌别人。 □是 □否
(4) 与异性交往太少。 □是 □否
(5) 对连续不断的会谈感到困难。 □是 □否
(6) 在社交场合感到紧张。 □是 □否
(7) 时常伤害别人。 □是 □否
(8) 与异性来往感觉不自然。 □是 □否
(9) 与一大群朋友在一起，常感到孤寂或失落。 □是 □否
(10) 极易受窘。 □是 □否
(11) 与别人不能和睦相处。 □是 □否
(12) 不知道与异性相处如何适可而止。 □是 □否
(13) 当不熟悉的人对自己倾诉他的生平遭遇以求同情时，自己常常觉得不自在。 □是 □否
(14) 担心别人对自己留下坏印象。 □是 □否
(15) 总尽力使别人赏识自己。 □是 □否
(16) 暗自思慕异性。 □是 □否
(17) 时常避免表达自己的感受。 □是 □否
(18) 常常对自己的容貌不自信。 □是 □否
(19) 讨厌某人或被某人所讨厌。 □是 □否
(20) 瞧不起异性。 □是 □否
(21) 不能专注地倾听。 □是 □否
(22) 自己的烦恼无人可倾诉。 □是 □否
(23) 经常受到别人的排斥与冷漠。 □是 □否
(24) 被异性瞧不起。 □是 □否
(25) 不能广泛地听取各种意见、看法。 □是 □否
(26) 自己常因受伤害而暗自伤心。 □是 □否
(27) 常被别人谈论、愚弄。 □是 □否
(28) 与异性交往不知如何更好地相处。 □是 □否

计分规则：

整个问卷可分为 A、B、C、D 四组，每组包含 7 个问题，对应题目的序号，如表 5-1 所示。

第五章 校园沟通——良师益友，莫逆之交

表 5-1 测试题目

A	B	C	D
1	2	3	4
5	6	7	8
9	10	11	12
13	14	15	16
17	18	19	20
21	22	23	24
25	26	27	28

（1）每题选"是"得 1 分，选"否"得 0 分。
（2）根据每题得分，计算出 A、B、C、D 各项所得总分。
（3）算出 28 题共得的总分。

评价：
（1）综合评价。
0~8 分，与同学相处困扰较少。
9~14 分，与同学相处有一定的困扰。
15~19 分，与同学相处困扰较严重。
20~28 分，与同学相处困扰很严重。
（2）分项评价，如表 5-2 所示。

表 5-2 分项评价

得分＼项目评价	A	B	C	D
6 分以上	不善交谈	交往困难	缺乏交往技巧	交异性同学困难
3~5 分	一般能交谈	交往被动	有交往技巧	能和异性同学交往
0~2 分	交谈能力较强	交往热情	待人接物能力强	和异性同学交往能力强

第六章 家庭沟通
——欢聚一堂，其乐融融

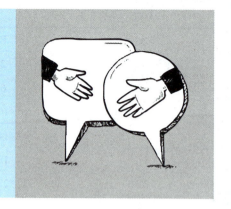

导读：

家，是一个人能遮风避雨、歇息的港湾，家中有父母的慈爱、亲人的温暖，家是温馨和甜蜜的，也是美好的，有爱才有家、有家就有爱。从"我"到"我们"共同组建一个家，到此世界上没有一处地方比得上家的温暖、宁静、舒适和随意，如图6-1所示。

图6-1 和睦且温馨的家庭

家庭是以婚姻和血缘关系为基础的最小社会单位。人生犹如一条漫漫长路，各种十字路口数不清，但每个选择都是不一样，虽然选择没有对错之分，但都离不开父母及家人的陪伴和支持。所以家庭沟通在人际关系沟通中就显得格外重要，建立和维持良好的家庭关系，能够帮助我们彼此理解、相互关怀，遇到任何事情都能够团结一致。

学习目标

知识与技能目标：了解影响与父母沟通的原因，掌握长幼之间、同辈之间的沟通方法和技巧，并能熟练运用。

过程与方法目标：通过分析案例、学习知识、小组讨论等方法，学会克服自己的逆反心理，建立家庭亲友之间有效的沟通方式，搭建良好的友谊桥梁，塑造温暖、和谐的家庭氛围。

素质目标：建立良好的人生观，树立正确的家庭观，父慈子孝、兄友弟恭、家庭和睦。

第六章 家庭沟通——欢聚一堂，其乐融融

学习重点

掌握长幼、同辈之间有效的沟通技巧，内化于心，建立和谐的亲友关系。

学习难点

认识自我，克服自身青春期的叛逆，和谐沟通、健康成长。

第一节 长辈沟通，听从教诲

导入

一个苦恼的学生芳芳说道："不知从什么时候开始，我突然觉得自己家的空间变小了，难道是我的个子长高了，才感到家里的天花板给了我一种压抑感？我说不清为什么，反正觉得自己越来越像一只关在笼子里的小鸟（图6-2），毫无自由。父母与我朝夕相处，却根本不懂我的心，不了解我的需求，也不清楚我的困惑。他们对我总是斥责多于鼓励，唠叨多于倾听，我已经明显感觉到我和他们之间的隔阂。现在我和父母要么互不搭理，要么就是激烈的争吵，我该怎么办呢？"

图6-2 笼中鸟

思考讨论：
以上的情况你是否遇到过呢？试着跟大家分享一下吧！

一、子女与父母沟通不畅

一直以来，有两个词语一直站在家庭教育的风口浪尖上，这就是让人倍感无助的"叛逆期"和"代沟"。父母希望孩子少走弯路、学习成绩好、生活幸福，主动帮助孩子计划未来；而作为孩子，则更愿意自主和自由。父母与孩子之间缺少有效的交流与沟通，便产生了代沟，代沟的出现又促使叛逆期更加明显。

倔强的孩子步入了叛逆期，父母落泪，孩子伤心，这样的场景时常出现在我们的生活中。然而，如果父母与孩子都愿意沟通，表达自己的想法，那么又何尝不是办法？大家讲清

楚了，一切都可以转变。沟通可以很容易，一个微笑，一个拥抱，一次陪伴（图6-3），就可以让爱围绕着我们。只要我们带着一颗有爱的心面对，就可以让生活更美好。

图6-3　幸福的陪伴

17岁孩子青春期叛逆心理的原因有很多

子女与父母沟通不畅的原因主要有以下几点。

（1）年龄差距大、生活习惯不同。父母与子女之间存在非常大的年龄差距，这造成了父母与子女之间生活环境的不同，以及由此带来的生活习惯方面的差异。尤其是随着子女年龄的增长，他们的心理会发生变化，自尊心增强、成人感增强，觉得自己是个大人了，不希望父母过多地约束自己，渴望有自己独立的空间，生活习惯也会随着时代的发展而形成自己的习惯，而父母多年养成的生活习惯比较固定，也希望孩子们能够按照他们的生活习惯来执行，这样就会容易产生差异。这些差异必然会导致交往中产生误会、摩擦、对立，甚至盘盂相击、唇枪舌剑（图6-4），影响彼此间的沟通和交流。

（2）父母与孩子的阅历不同、观念不一致。父母拥有多年学习、生活和工作的经历，而子女因为涉世未深，所以经历不如父母那么多，这种情况就使得他们之间在观念上存在非常大的差异，当看待同一个问题的时候，往往会形成不同的理解。两代人在心理观念、行为方式上都存在着诸多差异，简单地说就是生活状态的差异。

（3）彼此之间对于工作和生活的目标不同。父母往往希望子女能够拥有稳定的工作和生活，用自身的经历教导子女按部就班地成长，利用身边优秀同龄人给子女定制参照物或榜样（图6-5），但子女一般都希望通过自己的努力去追求更好的生活状态，这样一来，父母与子女之间就会出现不同的意见，在交流的时候就会产生矛盾。这就是导致父母与子女之间出现沟通困难的根本原因所在。

图6-4　盘盂相击

图6-5　别人家的孩子

"望子成龙、望女成凤"是天下父母共同的心愿。我们与父母的冲突，往往基于父母对我们的高期待、严要求，这种在我们看来有些苛求的"严"，反映出父母对我们的爱。我们要理解父母所处的环境，体谅父母的一片苦心。

二、与长辈沟通的技巧

（一）要有耐心和同情心

父母的受教育经历和生活阅历不同，在沟通时，我们很容易失去耐心，而且会有挫败感，甚至可能会放弃。这时候，如果能设身处地为父母考虑一下，也许就会平静许多。可以这样想："他们没上过几年学，其实他们也想多学点知识，好与我们沟通"或者"他工作很累，关节时常会疼，但他还在坚持"。

共情是保持耐心和同情心的最有效的方法，用心、用脑、用全身的肢体器官去感受对方散发出来的一切（图6-6），站在对方的角度去体会对方目前的思想、行为和动作。如果使出了浑身解数，还是没有耐心与父母沟通，那就出去冷静一下，等心平气和了再回来。

图 6-6　共情

（二）询问而非命令

学会尊重，尤其是对自己的家庭成员。我们遇到问题可以多询问他们而非命令他们，以此来满足他们的自尊心。

例如，不要说："把水杯给我拿来"，而应该这样说："爸爸，我在做思考问题，能帮我把水杯拿过来吗？"

（三）不要与长辈硬碰硬

如果与长辈有冲突的话，那么不要直接跟他们硬碰硬，毕竟很多家长脾气都是比较倔的，而且思想观念比较固执，如果硬要跟他们对着干的话，就只会让问题更加无法解决，所以不妨等到合适的时机慢慢沟通。

（四）找同级长辈来劝说

如果跟长辈无法进行有效沟通，那么不妨寻求第三方的帮助。这个第三方最好是跟长辈平级的人，而不是晚辈。因为长辈和长辈之间的想法比较接近，而且比较容易沟通，如果找一个晚辈的话，可能效果没那么好。

（五）对长辈要多加理解

长辈和我们生长的环境、时代背景是不一样的，他们接受的观念跟我们也有很大的差别，如果某些事情在我们看来并不严重，但是长辈却很看重，那么我们应该学着去理解长辈，试着从长辈的角度来思考和解决问题。理解是一个慢慢的接受过程，随着年龄的增长，我们会越来越懂事，也能慢慢理解父母的良苦用心，比如我们开始认真学习、开始主动关心父母（图6-7）、开始能独立自主地安排好学习和生活等。

图6-7　妈妈你要多休息哦

（六）教长辈认识新事物

如果长辈长时间都没有接触新事物，思想观念跟不上时代，那么与我们的沟通和交流就会产生很多的隔阂，从而影响到双方良好的互动。所以不妨多教我们的长辈认识一些新事物，不要让长辈处在闭塞的环境。当长辈的眼界宽阔了，跟我们的沟通自然也就容易多了。

（七）学着走入长辈的世界

如果觉得长辈的很多观念都无法接受，那么也许是因为你对他们所处的环境和状态不了解，不妨尝试着走入长辈的世界中，陪伴他们做喜欢的事情（图6-8），聆听他们对一些事物的看法。当跟长辈接触多了，可能就会理解他们的世界观、人生观和价值观形成的原因，也就能够更好地接纳和理解他们了。

图6-8　陪伴

三、与长辈沟通的方法

（一）了解是前提

了解长辈，沟通就有主动权。知道长辈的想法、处事原则、兴趣爱好、脾气秉性、对我们的期望，那么我们与其沟通就有预见性，提前把握主动权。

（二）尊重是基础

尊重是与长辈交往的基本要求。尊重的具体表现有常与父母谈心、记得父母的生日、好吃的东西先分享给父母等（图6-9）。与长辈正常沟通首先要理解长辈，理解其心情，尊重其意愿，还要讲求基本的礼貌，不能任性。如果连最爱自己、对自己付出最多的人都不尊重，就失去了最起码的道德。

图6-9 分享

（三）理解是关键

当我们不理解长辈、与长辈冲突的时候，要主动站在他们的角度想一想，学会换位思考（图6-10），了解他们的想法、目的和事件的关联性，这会使我们变得更加冷静和理智。

图6-10 换位思考

（四）沟通的目的要求同存异

沟通不要走极端，两代人之间毕竟存在差异，难免有不同的观点、动机和行为方式。正因为有分歧，所以才要沟通。这种沟通不一定非要统一结果，还可以求同存异。找到"同"，就有了共同的语言和行动；保留"异"，就是保留对长辈的尊重和理解。

（五）克服闭锁心理

我们要克服闭锁心理，向长辈传递有关自己的信息和情况，表达自己的心情（图6-11），说出自己的意见，让长辈了解自己。我们要保持自己的独立性，但不要忽略与长辈的交流与沟通。当与长辈发生矛盾时，要耐心解释，让长辈听得进，从而得到他们对自己的理解。解释时说话要放低声调，斟酌词句，有商有量。即使是长辈不对，也要就事论事，不针对长辈本人，更不能迁怒于长辈。

图6-11 敢于表达自己

父母是从我们这个年龄走过来的，他们也经历过"疾风骤雨"时期，以其几十年的人生经历，看问题要比我们成熟得多。我们在慢慢长大，应该学着独立，但独立和成熟有一个过程，不是突然的。要经常坐下来，跟爸爸谈一谈在学校的情况，跟妈妈谈一谈遇到的烦恼，这样父母也会诚恳地与我们交谈，从中可以得到很多有益的启示。不要认为跟父母谈心是"没长大"，善于沟通才是越来越成熟、独立的表现。在交流沟通中，说不定父母也会受到影响，接受一些年轻人认可的新生事物，从而无意中缩小代沟，增进家庭亲情。父母是爱我们的，只要我们同样以爱的方式对待父母，沟通的障碍就会大大减少。

四、改善代际关系，架起互通桥梁

（一）沟通态度应当谦和、恭敬，语气一定要温和

面对父母严峻的态度，既不能丧失勇气、惊慌害怕，又不能以硬抗硬、粗暴无理，只有以坦诚、尊敬的态度同父母交谈，才能进行真正的沟通。

（二）把握时机，主动与父母讨论问题

若与父母商讨敏感问题，则应选择在父母心情愉快时进行。若父母情绪不好或正在为其他事而焦虑不安，则很难与子女达成共识。另外，有些事情不要等到非讲不可时再向父母讲，否则父母可能会对此事感到意外和突然，或者认为子女存在侥幸心理而产生不悦心情，彼此之间就容易发生纠纷，造成沟通失败。

青春是人生中的一个阶段

（三）讲究语言艺术，学会委婉而清楚地表达自己的愿望

年轻人沟通习惯直截了当，而忽视把事情的来龙去脉交代清楚，代际间的许多冲突都由此而起，所以子女在与父母沟通时一定要把事情的起因、条件、环境等多方面的情况都交代清楚，把困难委婉地摆出来，并主动向父母请教，这样就容易得到父母的同情和支持。

两代人之间确实存在着代际差异，并且容易造成两代人之间的沟通障碍。但是也应该看到两代人之间也有着许多共同的生活、亲情、愿望等，这又为两代人之间的成功沟通创造了条件。只要我们彼此之间相互理解、相互尊重，注意克服自身的不良因素，就一定能够在两

代人之间架起沟通的"虹桥"（图6-12），跨越"代沟"，实现真正的沟通。

图6-12　沟通桥梁

第二节　同辈沟通，棣华增映

导入

《幼学琼林》云："世间最难得者兄弟"。兄弟，是这个世界上唯一具有血缘关系的同辈至亲，这种血浓于水的骨肉之情，是其他人伦关系无法比拟的。

兄弟关系跟父子关系一样，都是以血缘关系为纽带天然形成的人伦关系，所以也被称为"天伦"，而夫妇、君臣、朋友这三种关系都属于"人伦"。能够生而为兄弟姐妹，尽享天伦之乐，这需要极大的福德、缘分才得以降生于同一血脉，同气连枝，所以这种关系最为宝贵，也最为难得。

中国最早的诗歌总集《诗经》中的《小雅·常棣》篇，是中国诗史上最先歌唱兄弟友爱的诗作，其开篇明旨："凡今之人，莫如兄弟。"诗中说，兄弟是这个世上最亲的人，兄弟间的感情最真挚、无私。遭遇死亡威胁，最为关心焦虑的人是兄弟；无故失踪或不幸葬身荒野，不远千里万里寻找的人是兄弟；身处险境求助无门，赴汤蹈火赶来救难的人是兄弟；兄弟之间即便在家里面有矛盾、争执，若遇到外敌，也会同心协力共抗外侮。

古人将"兄弟"喻为"手足"，手与足都源于同一个身体，是身体的重要组成部分。兄与弟也是同一父母所生，是家庭的重要组成部分。

思考讨论：
1. 我们应当如何与兄弟姐妹相处？
2. 现在许多孩子都是独生子女，没有兄弟姐妹，那该如何落实这一精神？

一、对"兄弟"的理解

在古代词义中，"兄弟"一词不仅指男性的兄弟，而且姐妹亦称兄弟。如《孟子·万章上》云："弥子之妻与子路之妻，兄弟也。"又如《明史·费宏传》云："宏从弟编修寀，其妻与濠妻，兄弟也。"

兄道友，弟道恭；兄弟睦，孝在中。（图6-13）。

图6-13 兄友弟恭

"兄道友"：兄，是兄长，泛指年龄大的哥哥姐姐，他们应友爱年龄小的弟弟妹妹，不能欺负、打骂他们，甚至抢夺他们的东西。

"弟道恭"：弟弟妹妹则要恭敬哥哥姐姐，对他们要有礼貌，不能吵架、打架。长幼之间要互相友爱、和睦相处。

"兄弟睦，孝在中"：兄弟姐妹若能和合、没有争执，就不会让父母操心，整个家庭其乐融融，所以，子女和睦也是对父母的孝顺。

案例

唐朝有位副宰相叫李绩，有一次他姐姐病了，他就亲自照料她，在为姐姐烧火煮粥时，火苗烧了他的胡须。姐姐非常不忍心，劝他说："你的仆人、侍妾那么多，何必自己这样辛苦呢？"李绩立即回答："您病得这么重，让其他人照顾，我不放心。您现在年纪大了，我自己也老了，就算想一直给您煮粥，也没有太多机会了。"李绩能这样对待自己的姐姐，实在是难能可贵，如图6-14所示。

图6-14 姐弟情深

思考：

如果你是李绩，你会怎么做？

二、同辈兄弟姐妹交往的规则

（一）相互尊重

兄弟姐妹之间应该相互尊重，不论年龄大小，都应该平等对待。尊重兄弟姐妹的意见和权益，不可随意干涉对方的事务。尊重是兄弟姐妹关系中最基本的规则，也是建立良好关系的前提。

兄弟姐妹之间的交往，牢记这些原则，家庭会一团和气

（二）理解和包容

兄弟姐妹之间应该互相理解和包容，尤其是在相处中遇到意见不合或者发生争吵时。每个人都有自己的个性和思维方式，要善于换位思考，设身处地地理解对方的想法和感受，在沟通中要保持冷静，避免过激的言语和行为。

（三）分享和合作

兄弟姐妹之间应该乐于分享和合作，共同享受成果。无论是家庭作业、玩具还是家务事，都应该互相分担和合作完成。通过分享和合作，兄弟姐妹之间的关系会更加融洽，也能培养团队意识和合作能力，如图 6-15 所示。

图 6-15　兄弟同心

（四）相互支持

兄弟姐妹之间应该相互支持，无论是在学习上还是在生活中。当一个人遇到困难或者面临挑战时，其他兄弟姐妹应该给予鼓励和支持。相互支持可以增强兄弟姐妹之间的亲密感和信任度，也能培养他们的情感和社交能力。

（五）竞争与合作并存

兄弟姐妹之间的竞争是不可避免的，但同时也应该学会合作。竞争可以激发兄弟姐妹之间的进取心和努力，但过度的竞争可能会导致关系紧张。因此，兄弟姐妹之间应该学会协商和妥协，找到竞争与合作的平衡点。

（六）互相尊重个人空间

兄弟姐妹之间应该互相尊重个人空间，不要过度干涉对方的隐私。每个人都有自己的隐私和个人爱好，应该给予彼此足够的自由和空间。在共同生活的空间中，要学会互相照顾和体谅。

（七）建立积极的沟通模式

兄弟姐妹之间应该建立积极的沟通模式，学会倾听和表达。在沟通中要坦诚相待，不要隐瞒真实感受和想法。

（八）父母的引导和示范

兄弟姐妹之间的交往规则也需要父母的引导和示范。父母应该作为榜样，建立良好的兄弟姐妹关系的价值观和行为模式，关注和了解兄弟姐妹之间的交往情况，及时引导和教育。

三、兄弟姐妹之间的相处技巧

（一）沟通是关键

兄弟姐妹之间的沟通是保持相互良好关系的关键。沟通不仅是表达自己的想法和感受，还包括倾听对方的意见和看法。当我们和兄弟姐妹之间出现争执时，一定要耐心倾听对方的意见，同时也要让对方了解我们的想法和感受（图6-16）。如果有一些无法解决的问题，就找一个合适的时间和地点，好好地坐下来谈一谈，寻找解决问题的方法。

图6-16 手足情深

（二）尊重是基础

每个人都有自己的个性和生活方式，兄弟姐妹之间也不例外。在相处的过程中，我们应该要尊重彼此的个性差异，不能强迫对方按照自己的方式去做事。我们应该要给予兄弟姐妹足够的自由和空间，让大家都能够选择自己喜欢的方式去生活。

（三）合理分配家务

家务是每个家庭都必须面对的问题。在一个拥有兄弟姐妹的家庭中，每个人都应该要承担自己的责任。在分配家务时，我们应该根据每个人的能力和兴趣来合理地分配任务。在完成家务的过程中也要相互帮助，共同完成任务。

（四）学会宽容

宽容是一种修养，更是一种美德，但宽容不是胆小怕事，而是海纳百川的大度。在相处的过程中，难免会出现一些矛盾和误解，在这个时候，我们应该要学会宽容。比如在对方为难、挑衅时，表现出高姿态，晓以大义，使对方能够主动反省；如出现非原则性冲突或因个人利益而产生纷争时，要学会忍让，善于妥协，宽容待人；如因他人疏忽大意犯错，则要以大局为重，不应过多计较；对于我们曾经的反对者，应该不计前嫌、宽容大度，不要钻牛角尖,也不要一直纠缠不清,要有一种"宰相肚里能撑船"的大度来面对现实的棘手问题(图6-17),同时应该要想办法化解矛盾,让事情回归到平静的状态。

图 6-17　宰相肚里能撑船

(五) 爱是最重要的

无论发生什么事情,兄弟姐妹之间的爱都是最重要的。我们应该要在相处的过程中,时刻保持爱的心态。当你爱着对方时,你会对对方更加容易宽容和理解。我们应该要把爱融入日常生活中,让兄弟姐妹之间的感情更加美好。

四、长兄如父,感恩给与

孟子《跬道》,曰:"理亦无所问,知己者阕耆。良驹识主,长兄若父"。其意为:家中的长子、老大,应协助父母照顾弟弟、妹妹,主持家务;当家中父母不在(外出、世故)时,家中的老大要担当起父母的责任,照顾好弟弟、妹妹,尽扶养、教育之责。

汉朝时候,有个姓许名武的人,他父亲早已去世,剩下两个弟弟,一个叫许晏,另一个叫许普,年纪都还很小。许武每每在耕田的时候,都叫两个弟弟立在旁边看着(图6-18),晚上许武自己教两个弟弟读书。如若弟弟不听他的教训,他就自己去跪在家庙里告罪。

图 6-18　许武教弟

后来许武举了孝廉,但是他因为两个弟弟都还没有名望,就把家产分为三份,自己取了最肥美的田地和广大的房屋,而所有不好的统统给了弟弟。所以当时社会上的人,都赞许他的两个弟弟，反而看轻许武。

等到两个弟弟都得了推举，他就会合了宗族和亲戚们，哭着说明当时那样分家产是为了要给他的两个弟弟显扬名声的缘故，并且把所有的家产，都让给了两个弟弟。

孝顺与感恩是中华民族的传统美德，是中国人美好品德形成的基础。"百善孝为先""夫孝，德之本也"。孝道文化是中国传统文化的基本文化，"民用和睦，上下无怨"，是和谐文化，也是中国特色化。作为中国特色社会主义社会，理应承继这份道德遗产，发展这份优良传统，丰富中国特色社会主义的伦理精神与道德规范。我国孝道文化包括敬养父母、养育后代、推恩及人、忠孝两全、缅怀先祖等，是一个由个体到整体，修身、齐家、治国、平天下的延展攀升的多元化体系。

第三节　待客之道，宾至如归

导入

中国是一个拥有丰富节日的国家，每逢佳节，人们总是热情地邀请亲朋好友一起共度时光，举办盛大的宴席。这种待客之道既热情又不失礼貌，展现了中国人对待客人的尊重和热情（图6-19）。但下面有一则故事令人深思。

图6-19　待客之道

有一天，浩浩请他的四个朋友来家做客吃饭。结果时间到了，只来了三个人，另外一个人还没到。于是他就站在门口一边踱步一边念念叨叨，"怎么该来的还不来？"这话被其中的一个客人听到了，他心里犯嘀咕，"原来我们不该来，"于是他找个借口走掉了。于是浩浩就又说，"你看看他，太多心，我又不是说他，他就走了。"这话被另一个客人听到了，心想，"原来是说我。"于是他也走了。浩浩又说，"你看，不该走的又走了。"剩下的一个客人也坐不住，这次朋友接待就不欢而散了。

别人家做客的规矩

思考讨论：
1. 浩浩的三个朋友为何都走了？
2. 如果是你，请问该如何处理？

第六章　家庭沟通——欢聚一堂，其乐融融

一、不同场合待客之道

（一）迎客之道

如果你事先知道有客人来访，要提前打扫门庭，以迎佳宾（图6-20），并备好茶具、点心等，也可根据自己的家庭条件，准备好水果、糖、咖啡等。若客人在约定时间到来，则应提前出门迎接。客人来到家中，要热情接待。客人进屋后，要先请客人落座，然后敬茶、端出糖果。端茶、送糖果时要用双手，并为客人剥糖纸、削水果等。

图6-20　喜迎佳宾

（二）敬茶之道

敬茶要事先把茶具洗干净，在倒茶时，要掌握好茶叶的量。待客要"浅茶满酒"，所谓浅茶，即将茶水倒入杯中三分之二为最佳。端茶也是应注意的礼节，按我国的传统习惯，应双手给客人端茶。对有杯柄的杯子，通常是一只手抓住杯子，另一只手托住杯底，把茶柄送给客人，随之说声："请您喝茶"或"请喝茶"。切忌用手指捏住杯子边缘往客人脸前送，这样敬茶既不卫生，也不礼貌。

（三）送客之道

客人告辞，一般应婉言相留。客人要走，应等客人起立后，再起立相送，不可客人刚说要走，主人就站起来。送客一般应送到门外（图6-21）。有些客人常常会带礼物来，对此，我们送客时也应有所反应，如表达谢意，或请求客人以后来访就不要携带礼品了，或相应地回谢一些礼物，决不能若无其事，毫无表示。

图6-21　送客之道

二、待客之道的基本原则

待客之道是人际交往中非常重要的一部分，它关系到个人形象的塑造、人际关系的维护等方面。在生活中，无论是家庭聚会、朋友聚会还是商务场合，对待客人的方式和态度，都直接体现出我们的修养、教养和素质。因此，掌握待客之道的基本原则非常重要。

（一）以礼待人，以心换心

待客之道最重要的原则就是以礼待人、以心换心，都需要展示出热情、友善和诚挚的态度。当我们面对客人的时候，要保持微笑、目光交流，传递出我们的热情和欢迎之意。在交流中，我们要认真倾听客人的话语，关注他们的需求和情感，有针对性地提供服务和建议。

（二）精心准备，注重细节

在待客之道中，细节决定成败。无论是家庭聚会还是商务宴请，我们都需要提前做好准备工作。例如，在场地的选择上需要考虑方便客人的交通、停车等问题；在餐食、饮料的选择上需要考虑客人的口味和健康问题；在氛围营造上需要考虑音乐、照明、花卉等方面的配合。总之，我们要从客人的角度出发，做到心细如发，考虑周全。

（三）知己知彼，巧妙应变

在待客之道中，了解客人的需求和喜好非常重要。在接待客人的时候，我们要提前了解他们的出行、住宿、饮食等方面的需求和喜好，为他们提供个性化的服务和建议。同时，我们还需要关注客人的情绪和表达方式，巧妙引导和响应，做到因人而异的接待。

（四）沟通良好，避免冲突

在待客之道中，良好的沟通能力非常重要。我们需要倾听客人的意见和建议，当遇到客人抱怨或不满的时候，我们需要真诚地道歉，并及时采取措施解决问题，避免矛盾激化。

（五）营造温馨的氛围

在待客之道中，营造温馨的氛围也是非常重要的。一个愉快轻松的氛围能让客人感到舒适和放松，从而更好地享受服务和建议。我们可以通过热情的服务、恰当的音乐、装饰和布置营造出强烈的感官体验，如待客的空间空气流通，无异味或臭味，光线充足且有淡淡芳香（图6-22），让客人对我们留下深刻印象。

图6-22 舒适的待客空间

三、待客之道

（一）待客四等级

1. 像朋友的客人，要让他宾至如归

"有朋自远方来，不亦乐乎。"如果是久未联系的朋友忽然来访，则不能让他觉得生疏，要热情招呼,让他有宾至如归的感觉(图6-23)。从他到来,举凡喝茶、吃饭、休息,我们都要以礼相待,尤其用餐时,在饭菜上桌后,需立刻走出厨房,到餐桌上招呼客人用餐。

图6-23　宾至如归

2. 对于有困难的客人,要为他解决问题

俗话说:"在家千日好,出门一时难。"又说:"在家靠父母,出门靠朋友。"人难免有遇到困难的时候,对于有困难的客人,不管他跟我们是商务上的往来,还是曾经共事的同事、主管、属下,乃至单纯友谊往来的客人,我们都要真诚地关心他,不能跟他支吾其词,让他觉得你好像有意要避开他。你若能帮他直接解决问题最好,否则帮他出主意、提供其他管道,总之,能帮他把问题解决,让他觉得不虚此行,这才是对有困难的客人应有的待客之道。

3. 随机缘的客人,要予他欢喜希望

有的人来访并没有特定的目的,只是随兴忽然而来,他没有事先通知,也没有事前约好,临时就跑来了。不过你还是要好好招待他,要给他欢喜、给他满足,要让他感受到人情的温暖,进而对人生充满希望,这才是待客之道。

4. 对高位的客人,要不亢不卑

"以客为尊",请客要让客人受到尊重,受到礼遇,这是应有的待客之道。但是宾主是有界限的,宾主各有各的立场,大国的总统到小国访问,是小国的上宾;小国的国王应邀到大国去,也是大国的上宾。宾主不能只论大小,而是平等地论角色。所以有的客人身份地位很高,但是所谓"客随主便",不能"反客为主";身为主人的,对于高位的客人,也要不亢不卑,才不会有失身份。

(二) 常用的待客技巧

(1) 有人敲门,应回答"请进",或到门口相迎。

(2) 客人进来,应起立热情迎接。如果家中不够干净齐整,显得零乱,要做一些必要的整理,并向客人致歉。

(3) 敬茶要用双手端送,放在客人右边。如果夏天酷热,要递扇子或开电扇。

(4) 若吃饭时来客,要热情地邀请客人一同进餐。客人吃过饭后应送上热毛巾,并另换热茶。

(5) 接受客人礼品应该道谢。

(6) 向主人或客人介绍对方时,对方的姓名、职务必须逐字清楚,应先将年轻者向年长者介绍。

(7) 客人来时，如自己恰巧有事不能相陪，要先打招呼，致以歉意，并安排家属陪同，然后去做自己的事。

(8) 若客人坚持要回去，则不要勉强挽留。

(9) 送客要到大门外，走在长者后面。

(10) 在分手告别时，应说"再见"或"慢走"。

（三）用餐注意事项

(1) 入座。先请客人入座上席，再请长者入座客人旁，依次入座，最后自己坐在离门最近处的座位上。入座时，要从椅子左边进入，坐下以后要坐端正身子，不要低头，使餐桌与身体的距离保持在10~20厘米。入座后不要动筷子，更不要弄出什么响声来，也不要起身走动，如果有什么事情，要向主人打个招呼。在动筷子前，要向主人或掌勺者表示赞赏其手艺高超、安排周到、热情邀请等，如图6-24所示。

图6-24　入座礼仪

(2) 进餐时，先请客人、长者动筷子，夹菜时每次少一些，离自己远的菜就少吃一些，吃饭时不要出声音，喝汤时也不要发出声响，最好用汤匙喝，不宜把碗端到嘴边喝，汤太热时就凉了以后再喝，不要一边吹一边喝。

(3) 进餐时不要打嗝，也不要出现其他声音，如果出现打喷嚏、肠鸣等不由自主的声响时，就要说一声"真不好意思""对不起""请原谅"之类的话，以示歉意。

(4) 如果要给客人或长辈布菜，最好用公用筷子，也可以把离客人或长辈远的菜肴送到他们跟前。按我们中华民族的习惯，菜是一个一个往上端的，如果同桌有领导、老人、客人的话，每当上来一个新菜时，就请他们先动筷子，或者轮流请他们先动筷子，以表示对他们的尊敬和重视。

(5) 吃到鱼头、鱼刺、骨头等物时，不要往外面吐，也不要往地上扔，要慢慢用手拿到自己的碟子里，或放在紧靠自己的餐桌边，或放在事先准备好的纸上。

(6) 要适时地抽空和左右的人聊几句幽默的话，以调和气氛。不要光低着头吃饭，不管别人，也不要狼吞虎咽地大吃一顿，更不要贪杯。

(7) 最好不要在餐桌上剔牙，如果要剔牙，就要用餐巾挡住自己的嘴巴。

(8) 最后离席时，必须要向主人表示感谢，或者就在此时邀请主人以后到自己家做客，以示回谢。

总之，和客人、长辈等众人一起进餐时，要使他们感到轻松、愉快、气氛和谐。我国古代就有站有站相，坐有坐相，吃有吃相，睡有睡相的规矩。这里说的进餐礼仪就是指"吃相",吃相优雅既符合礼仪的要求,也有利于我国饮食文化的继承和开展。

第四节 和谐家庭,阖家美满

导入

仲由是春秋时期鲁国人,是孔子的得意弟子。仲由非常孝敬父母,家中没有米,仲由必须走百里才能买到米,再背着米赶回家。然而,仲由为了父母能吃到米,不论寒风烈日,都不辞劳苦到百里之外买米,再背回家,如图6-25所示。

图6-25 仲由百里

仲由

思考讨论:
1. 仲由的故事给我们的启示是什么?
2. 家庭美德有哪些?

一、和谐家庭的内涵和基本要求

(一)内涵

和谐家庭在本质上是社会主义精神建设、道德建设、文化建设在家庭成员关系上的集中反映。它是以家庭成员的全面发展为基础,以营造积极向上的家庭价值取向、平等和谐的家庭关系、民主协商的家庭氛围为主要内容的,构建家庭成员之间、家庭与社会之间、家庭与自然之间相互和谐共处的新型文明家庭模式,如图6-26所示。和谐家庭具体就是指夫妻恩爱、亲子和谐、孝敬长辈、邻里和睦。

(二)和谐家庭的基本要求

和谐家庭的基本要求包括以下几个方面。

1. 要有稳定的婚姻关系

婚姻是构成家庭的纽带,也是家庭存在的基础,夫妻双方应该平等相处,相互包容,彼

图 6-26 新型文明家庭模式

此忠诚,在共同生活中培养共同的兴趣和爱好,结成以爱情为基础的牢固的婚姻家庭关系。因此,稳定的婚姻关系是和谐家庭的首要要求。

2. 要有平等的家庭关系

平等的家庭关系首先表现为夫妻关系平等,夫妻关系是家庭关系的核心,只要夫妻齐心,家庭和睦就有了保证,因此要建立男女平等,且互敬、互爱、互谅、互让的夫妻关系。其次为亲子关系,主要表现为父母与子女之间相互理解、相互接纳,父母抚养教育子女,子女赡养并尊敬老人。再次是家庭其他成员之间互相尊重、互相宽容、互相帮助。因此,民主平等的家庭关系是和谐家庭的核心要求。

3. 要有和睦的邻里关系

和谐社会要求"民主政治、公平正义、诚信友爱、安定有序、人与自然和谐相处",和谐家庭必然要求建立互相帮助、和睦相处、团结友善的邻里关系,邻里之间要多加强沟通与了解,共同创造良好的生活环境。因此,和睦的邻里关系是和谐家庭的基本要求。

4. 要有健康的生活方式

健康的生活方式是指家庭成员民主平等、自强自立、积极进取,有正确的人生观、世界观,远离"黄、赌、毒"等不良行为。此外,还要有艰苦朴素、勤俭持家、崇尚科学、保护环境等健康向上的生产、生活方式。因此,具有健康向上的生活方式是构建和谐家庭的最终要求,也是一个家庭是否和谐的本质表达。

二、和谐幸福的现代家庭标准

在谈论幸福家庭时常想到的话就是"家和万事兴",这句话虽然很传统,但是却历久弥新。

(一)以爱相待

每个人都有缺点,夫妇之间应彼此包容,勇于承认自己的过失,勇于向对方道歉,这是爱的实践。

(二)坦诚沟通,用心聆听

每个人都有不同的需要,坦诚地向配偶或子女讲出自己的需要,可以令家人更明白自己,特别是在压力大、情绪低落的日子。沟通还需配合着倾听,学会沟通的人不仅愿意说,也会有技巧地说,更有听的意愿和听的技巧。当配偶或子女焦虑不安的时候,用心聆听是"灵丹妙药",如此可以帮助他们稳定情绪,增进家庭和谐。

(三) 彼此欣赏

每个人都喜欢被欣赏、被称赞。尤其是被自己心目中重要的人称赞,是一件非常快乐的事,因为自己的存在价值被肯定。家庭成员之间也应该相互支持,相互肯定,不论是大人还是小孩,在针对某些事情时,只要出于诚意,就算结果不佳,也应给予相应的支持,因为人无完人,不可能在任何事上都一帆风顺。因此,家庭中应该充满着彼此鼓励的气氛。

(四) 给对方空间

每个人都渴望有亲密的家庭关系,也渴望拥有自己的私人空间。其实,两者并不矛盾,且是相互的搭配。亲密使人感到被爱,有足够的空间使人感到身心舒畅。

(五) 培养对家的认同感

认同感是人们在与他人或团体交往中获得的一种心理体验,是指个体在与他人产生共鸣、理解和接纳时所感受到的满足感和归属感(图6-27)。对家的认同感就是觉得自己属于这个家,是家庭的一分子,家庭的所有事情都与自己有关。美满幸福的家庭不论男女老幼都会有对家的归属感,每个人都在为这个家庭的幸福及发展着想,惦记着家庭里的每个成员。

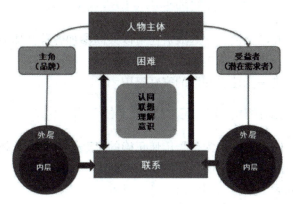

图6-27 认同感

(六) 提供家中成员成长与发展的机会

我们总习惯说小孩在不断成长,其实从整个生命来讲,从出生到生命终了,这个过程都在成长。在成长过程中需要每个人都被重视,不仅需要物质环境也需要心理环境,所谓心理环境就是给予情绪价值。家庭让孩子成长,也让大人有条件继续成长。

(七) 安排家庭成员共处时间

大家在一起才有条件沟通、了解,也才能够知道对方或其他成员的情况,所以全家相聚是一件重要的事。

和谐家庭培育出快乐的孩子，夫妻努力缔造和谐的婚姻，不但可以让自己乐在其中，还可以为下一代创造一个温暖的家庭环境，让他们健康快乐地成长。

三、和谐家庭氛围的建立

作为家庭成员，每个人都希望自己家中的氛围能够和谐、温馨，每个人都能够快乐地生活。和谐的家庭氛围是可以通过长期的家庭生活方式形成的，这种氛围可以让家人之间的关系更加融洽，面对困难时更有信心与勇气。

（一）和谐家庭氛围的实现，需要家长起到带头作用

家长应认识到自己的行为对家庭的影响，掌握好情绪和语言。同时，家长也应该了解家庭成员之间的需求和问题，并且给予他们适当的关注和关爱，每个人都应该感受到被尊重、被理解。

（二）每个家庭成员应尽全力维护家庭和谐

家庭成员要尽可能地避免过于执着自己的意见，而应该积极参与家庭讨论和决策，与其他家庭成员共同协调和解决事情。家庭成员之间也应该多沟通、多交流，多了解其他成员的想法和感受。当有分歧或争吵时，大家应该主动化解矛盾，保持冷静和理智，避免过度情绪化的言行。

（三）音乐、阅读、游戏等共同的爱好是增进家庭和谐氛围的方式

除了平时的谈心、互动交流，家庭成员还可以共同参加各种文体活动，比如参观旅游景点、组织纪念日活动等，让家庭成员之间产生深刻的情感联结。这些共同的经历也会增加彼此之间的信任和理解，进一步建立和谐的家庭氛围。

（四）和谐家庭氛围的建立还需要家庭教育的引导

家长可以从许多不同的角度来为孩子传递正确的家庭价值观念，教会孩子尊重他人、理解他人、关爱他人。家庭成员都应团结互助、乐于助人，多关注家庭中的老人、小孩以及需要关注的人，为保持温馨的家庭氛围做出自己的贡献。

小　结

家庭是指以婚姻为基础，以血缘为纽带形成的社会生活共同体，因此，在家庭环境中，各成员之间的相互交流必不可少。家作为生活的场所，为家庭成员提供赖以生存的环境，孩子通过与父母沟通，了解父母所需和父母对自己的期望；同辈之间通过交流，达成家庭规则，维持家庭生活的平稳运行。

和谐家庭、幸福人生。父母在对孩子的教育中要全过程、全方位营造良好的、和谐的家庭环境和氛围，家人之间要相亲相爱，让孩子们在温馨、和谐的家庭生活环境中，感受快乐、感受幸福，在温馨、和谐的家庭氛围中快乐无忧地成长、生活和学习，学会宽容、学会理解、学会奉献、学会爱，爱别人、爱自己、爱社会。

第六章 家庭沟通——欢聚一堂，其乐融融

 自我拓展练习

1. 最近，小琳认识了一位新朋友，相互之间经常通电话，这引起了小琳妈妈的注意，常常提醒她要认真学习，不要煲"电话粥"。为此，小琳与妈妈大吵了一架。下列说法正确的有（　　）。

　　A. 妈妈管教太严了

　　B. 小琳与妈妈应相互沟通

　　C. 吵架有利于小琳与妈妈的沟通

　　D. 小琳交朋友、通电话是对的，妈妈不应管教

2. "当我们要冲父母发火的时候，不妨用手摸一下肚脐，它曾是我们与母亲相连的地方，也是母亲用营养维持我们生命的地方。"这段话启示我们（　　）。

①子女与母亲是肌体相连的

②我们不能采取粗暴极端的方式来对待自己的父母

③是母亲在用营养一直抚育着我们

④我们要努力克服逆反心理，体会父母对我们的关爱和良苦用心

　　A. ①③　　　　B. ②④　　　　C. ①②　　　　D. ①④

3. 结合本章学习内容，设计一次与父母深入交谈的提纲。

4. 结合本章学习的内容及自身实际情况，以和谐家庭为目标，设计一个切实可行的行动方案。

第七章 网络沟通
——克己慎独，守心明性

导读：

"从前的日色变得慢，车、马、邮件都慢"——木心的《从前慢》诉说了交通不便时远距离传统的沟通形式为飞鸽传书、车马邮件，传统的信息传递方式在很大程度上受时间和空间的限制，相对来说比较慢，在沟通形式上缺乏灵活性，不能满足现代人多样化的沟通需求。随着网络技术的发展，人们可以不受时间和空间的约束，通过文字、语音、视频等形式进行沟通，使沟通越来越便捷（图7-1）。网络沟通给人们带来便捷的同时，也存在一些问题。本章通过介绍网络沟通知识及注意事项等，有针对性地对职业院校学生进行网络沟通方面的指导，有效提升学生网络沟通的能力。

图7-1 网络沟通便捷化

学习目标

知识与技能目标：学习网络沟通，掌握网络礼仪内容，学会如何在网上正确地表达观点，了解不良网络行为可能带来的法律责任。

过程与方法目标：通过分析案例、讨论等方式激发学生主动思考学习意愿，促进学生将个人经验与所学知识相融合，提升学生在网络沟通方面的问题处理能力、分析探究能力、交流表达能力。

素质目标：培养恰当运用网络进行交友的意识，树立安全防范意识和以礼待人意识，提

第七章 网络沟通——克己慎独，守心明性

高自身文明修养，做遵纪守法、文明有礼的新时代好网民。

学习重点

对网络沟通特点的理解；辩证地看待网络沟通，学会慎重结交网友。

学习难点

网络沟通注意事项；规避网络法律责任，做新时代好网民。

第一节 网络礼仪，礼尚往来

导入

婷婷是一名职业院校学生，她经常利用网络查资料，并在网络中认识了许多天南地北各个知识层次的网友。遇到现实中的问题，她也会在网络上向老师、同学请教，非常方便、快捷；在心情不好时，她会找网友倾诉，寻求安慰；她热爱写作，经常通过小红书分享自己的短文，收获了不少夸赞；她还加入了网上志愿者联盟，参加了很多爱心活动。婷婷英语基础不好，她想，要是能在网上找个英国朋友教一下就好了，于是她来到了网站上的英语聊天室，认识了也想学习汉语的 Mary，他们在网络中相遇、相识并互教互学，如图 7-2 所示。

图 7-2 婷婷和 Mary 相互学习语言

思考讨论：
1. 对于婷婷来说，互联网起到了什么作用？
2. 婷婷认识了天南地北的各个知识层次的网友，这说明了网络沟通具有什么特点？

一、网络沟通

近年来，网络以其强大的信息传播覆盖功能日益普及，成为我们日常生活中必不可少的一部分。网络好像无所不能，我们在网上搜集学习资料，查找相关信息，也在这个虚拟的时空中进行沟通，如图 7-3 所示。

互联网如何改变我们的沟通方式

图 7-3 网络沟通日益普及

(一) 网络沟通定义

网络沟通是指人与人之间的关系网络化，以互联网为依托，通过各种社会化网络软件，以文字、音像、多媒体等媒介进行的沟通。例如：E-mail、QQ、微信、微博、抖音、快手、小红书等。

(二) 网络沟通的特点

1. 开放性

网络沟通超越了时空限制，消除了"这里"和"那里"的界限，拓展了人际交往，使人际关系更具有开放性。

网络交流工具——
社交媒体

2. 自主性

网络中的每一个成员都可以最大限度地参与信息的制造和传播，这就使网络成员几乎没有外在约束，而更多地具有自主性。

3. 广泛性

过去，时空局限一直是人们进行更广泛交往的主要障碍，而网络社会改变了人际交往的方式，这一障碍已不复存在，只要你愿意，在网上就可以与任何人直接"对话"，如图 7-4 所示。

图 7-4 网络沟通的广泛性

4. 匿名性

网络社会的人际交往和人际关系的定义，已经突破了传统人际交往和人际关系的内涵。在网上，人们可以"匿名"出现，网民之间一般不发生面对面的直接接触，这就使网络人际交往比较容易突破年龄、性别、相貌、健康状况、社会地位、身份、背景等传统因素的制约。部分网民在网上交际时，经常扮演与自己实际身份和性格特点相差十分悬殊甚至截然相反的虚拟角色。

5. 平等性

由于网络没有直接的领导和管理结构，也没有等级和特权，每个网民都有可能成为中心，因此，人与人之间的联系和交往趋于平等，个体的平等意识和权利意识也进一步加强。人们可以利用网络所特有的交互功能，互相交流、制造和使用各种信息资源，进行人际沟通，如图 7-5 所示。

图 7-5　网络沟通平等性

（三）网络沟通的原则

1. 平等原则

网络上没有现实中人的各种社会属性关系，网民都是平等的，大家平等地享受网络资源，平等地履行网络义务。

2. 自律原则

自律原则又叫慎独原则，由于网络的隐匿性和网民身份的虚拟性，缺乏生活中显性的监督，所以网民必须在网上更加严格约束自己，遵守最基本的网络礼仪和沟通原则，要文明上网，遵纪守法，如图 7-6 所示。

图 7-6　文明上网，表里如一

3. 入乡随俗原则

入乡随俗原则又叫尊重原则，在网络上也要像在生活中那样尊重自己，尊重他人，遵守网站和论坛的游戏规则。

4. 分享原则

网络资源的共享靠的是无私的精神，由于许多人倾向于去网络上发帖寻找答案，求疑解惑，所以任何一个网络主体都必须认识到，其自身既是网络信息和网络服务的使用者和享受者，也是网络信息的生产者和提供者，当其享有网络社会交往的一切权利时，也应承担网络社会对其成员所要求的责任。

（四）网络沟通的影响

1. 积极影响

互联网好像无所不能，我们在网上搜集学习资料，查找相关信息，与各种网友交流。在互联网中，我们超越了年龄、身份、地位的限制，可以自由地宣泄内心的快乐与烦恼，而不用承担现实交往中的压力和责任，网络把天涯海角素不相识的人连在一起，开辟了人际交往的新通道，让我们有更多机会结识新的伙伴，拓展交际圈。

2. 消极影响

互联网超越了时空限制，拉近了远方的朋友之间的距离，但从另一个角度来说，它又拉远了人与人之间的距离。很多人长期沉迷于网络虚拟世界，网络成瘾对人们的身心造成伤害，还对现实生活中人际交往造成障碍。网络社交的便捷使人们更加浮躁，甚至放飞自我，网友良莠不齐，一不小心就容易上当受骗，如图7-7所示。网上沟通的消极影响提醒着我们，网络是一把双刃剑，作为一名学生，我们应该正确认识网络的两面性，用其所长，避其所短，谨慎进行网络沟通。

图7-7 网络沟通消极影响

案例链接

> 小青是一名高二的女生，平时沉默寡言，但在网上却表现得非常开朗活泼，渐渐地，她发现自己与桂林的网友"天马"很谈得来，所以将现实中的苦恼和心事都找他倾诉。不久，小青的父母决定国庆长假带她去桂林旅游，小青对"天马"产生了强烈的好奇心，她特别想一睹"天马"的风采。"天马"知道她要来桂林旅游后，也提出了见面的要求。
>
> **思考：**
> 小青能与"天马"见面吗？为什么？

二、网络礼仪

网络礼仪

中国自古就是礼仪之邦，孔子曰："不学礼无以立"，即一个人如果不学礼，就没法在社会上立足。在真实世界中，人与人之间的社交活动有不少约定俗成的礼仪。在互联网虚拟世界中，也同样有一套不成文的规定，那就是网络礼仪。

网络礼仪是人们在网络上交往所需要遵守的礼节，正如在现实生活中，人们"入乡随俗"一样，只要进入网络，就应该按照网络的"方式"行事，与人友好相处，这是起码的道德要求。网络礼仪既是保证网上人们正常交往和相互理解的重要手段，也是判断网民是否文明礼貌的行为标准。如果我们忽视网络礼仪，可能会对他人造成骚扰，甚至会引发网上"骂战"，或者抵制、暴力等事件。网络礼仪一般包括招呼礼仪、交流礼仪、表达礼仪三个方面内容。

（一）招呼礼仪

在网络沟通中也需要讲究招呼礼仪，招呼礼仪即与交谈对象如何问候、称呼（图7-8）。在网络上，有时候交谈对象的身份往往是不清楚的，甚至是虚拟的，但我们也不能肆意妄为，反而要更加谨慎。例如：在添加对方社交账号后备注人名或者称呼，避免以后忘记是谁；在与某个网络对象交流时，要看对方是否愿意、有没有时间，否则，随便给别人发语音、发邮件、塞广告，都是非常没有礼貌的行为。

图7-8 网络沟通招呼礼仪

（二）交流礼仪

在网上如何礼尚往来是一门艺术。网络交流比现实交往更加方便、多样、复杂，面对剧增的信息量，我们如何应对？我们无时无刻不从网络上获取信息、传播信息，这就要求我们把握礼仪的度，交流过程应善于认同他人，注重他人感受。例如：在给别人发邮件时，要注明主题，给别人提供的信息，最好也是对方感兴趣的或者对对方有帮助的，甚至发出的信息内容长短都很有讲究；尽量不要给不熟悉的人发微信语音信息，对方不一定方便听，转换成文字不准确；过节祝福不应群发，尤其是不能直接转发带别人称谓和名字的信息，应当自己编写，并有称谓和落款；在看到别人的信息后应当及时回复；不要发强迫别人转发的信息，这是极不礼貌的行为。

（三）表达礼仪

网络表达就是在网上表达自己的态度、情感和幽默，应沟通简练，直指关键。适当发表一些有见解、有涵养的帖子，可以更好地展现个人内涵与魅力，但不要盲目自大，贬低他人。例如，不少粉丝在维护自己喜欢的明星时，不懂得尊重别人，恶语相向，引起骂战。除此之外，对网络语言和表情符号的正确使用也是十分重要的，应当恰当使用网络流行语、流行表情等，如图7-9所示。

图 7-9　展现良好网络礼仪

第二节　注意事项，与人为善

导　入

24岁的女孩华华曾经是一个活泼、乐观、积极向上的优秀女孩子。在校期间她考取了自己梦想的教师资格证，喜欢在社交平台分享自己的个人动态和旅途见闻，把旅行的过程拍成Vlog上传到社交媒体，和大家一起分享自己的生活。但是在2023年2月19日晚，一则关于她的令人心碎的消息传来，华华的一位高中挚友确认华华已经去世，她和抑郁症抗争了半年多，而这一切都起因于几张照片。华华在收到保研通知书后，拿着录取通知书到医院，与病床上84岁的爷爷分享这一喜事。对她来说，爷爷是世上最爱她的人，成为爷爷的骄傲也是她考研的动力之一。她拍下照片发在社交平台上留作纪念，她以为这只是一次普通的分享，直到第二天她收到了各类私信"轰炸"，并惊讶地发现自己的照片已被盗用在各个平台。这些图片和视频的扩散给她带来了很大困扰，也带来了各种不堪入目的评论。还有人甚至攻击她生病的爷爷，而这仅仅是因为她染了粉色的头发。

第七章 网络沟通——克己慎独，守心明性

后来，她将头发染回黑色，并曾一度尝试卸载各个 App，但那些语气尖锐、用词粗俗而具有攻击性的评论仍在她脑海里盘旋。她因此每周都需要心理医生的帮助，她还用雅思课、健身课把自己的时间安排得满满的，努力寻求自救。与此同时，华华并没有放弃维权，她把各个平台上的诅咒和辱骂用截屏或录屏的方式保存下来打印成厚厚一本，在律师的帮助下要求平台提供侵权人和网暴者的信息。2022 年 9 月，华华开始了研究生生活，然而 10 月底她的抑郁症再次复发，不得不中止学业进行治疗。

在写给好友小唯的信里，这个年轻的姑娘怀念过去的自己热烈、有目标、精力充沛的样子，在 10 月抑郁症复发后，情况越来越糟糕。她慢慢无法和身边的人交流，吃药后说话越来越困难，每天被消极想法围绕。"不想说任何话，真的很对不起大家，真的没有勇气再走下去了。"她在遗书结尾处这样写道。

思考讨论：
1. 网络暴力会造成什么样的恶劣影响？
2. 我们在网络沟通中应当注意什么？

一、网络沟通注意事项

今天，我们身处"人人都有麦克风"的网络时代，享受更多元的表达、聆听更丰富的声音，网络沟通在我们生活中所占据的比重越来越大，在互联网进行交流我们到底应该注意什么呢？

网络社交你我他

（一）文明沟通

很多人觉得在网络上的发言是匿名的，所以更加肆无忌惮，说一些不文明的话语，甚至有些已经演变成了网络的语言攻击，这对于网络沟通是十分不利的。我们要自觉抵制这种行为，不随意侮辱他人，使用文明用语（图 7-10）。对于他人在网络上的错误应该宽容相待，而不是随意发泄自己内心的不满，诋毁中伤对方。

图 7-10　使用文明用语进行网络沟通

（二）注意隐私

由于虚拟的网络世界无法看清对方的真假好坏，所以有些事情无法鉴别真伪，因此在网

155

络沟通中要加强自我保护意识，注意保管好自己的密码，不随意泄露个人资料，如真实姓名、住址、经济状况、联系方式、银行账号等，不向网友提供自己的照片，否则很可能被不法分子乱用，如图 7-11 所示。

图 7-11　网络个人信息泄露

（三）真诚沟通

虽然不建议将自己的所有情况和盘托出，但是在网络上可以使用虚拟的网名进行交流。如果碰到网友有什么不会的问题，也可以帮忙解答一下，尽量真诚以待，乐于帮助他人，分享一些好的资源或有趣的信息。例如，看到有人发帖子求助，可以在力所能及的范围内给予帮助，（图 7-12）。

图 7-12　真诚沟通

（四）保持尊重

在网络上我们会结识到各种各样的人，大家有着不同信仰。不管这些人有什么样的差异，我们都要保持尊重的态度，不能冒犯、歧视、嘲笑他人。

（五）避免网恋

网络是虚拟的，在网络上无法对对方有客观的认识，你喜欢的可能也只是想象当中的他（她），而现实是什么样只能靠自己去想象，网络只是交友的一个渠道，更深入的了解还是要在现实生活中进行。并且由于网络具有匿名性、虚拟性等，会导致很多道德沦丧的人在网上恣意涉猎。因此，最好不要网恋，免得到头来受伤的是自己，如图 7-13 所示。

第七章　网络沟通——克己慎独，守心明性

图 7-13　网恋陷阱

（六）谨慎见面

正如前面所说，网络的虚拟性让我们无法看清对方的真实面目，所以贸然见网友是很危险的，必须保证自己的人身安全、个人隐私，以及日常生活不会受到负面影响，因此不能随意约会网友（图 7-14）。

图 7-14　不随意约会网友

案例链接

周末，小方和两个好朋友在网吧玩网络游戏，他们的游戏角色与一网名为"霸王龙"的玩家在网上遭遇并进行了激战，双方一边战斗，还一边在网上互发消息进行语言攻击。无意中，小方说出了自己所在的网吧。不一会儿，有七八个男青年闯进了小方所在的网吧大打出手。

思考：

原本轻松愉悦的游戏为何演变成一场斗殴事件？

二、与人为善,拒绝网暴

"有一种伤害,叫网络暴力"。在互联网世界中,大多数人都能做到与人为善,但少数人却在互联网进行任性的情绪宣泄和肆意的网络暴力。网络暴力是一种危害严重、影响恶劣的暴力形式,它是指网民通过在网络上发布具有"诽谤性、诬蔑性、侵犯名誉、损害权益和煽动性"这五个特点的文字、图片、视频等,对他人的名誉、权益与精神造成损害的行为(图7-15)。

图7-15 网络暴力危害大

网络暴力

近年来,面对社会热点事件的争议,有人言论过激、跟风起哄;看到体育赛场偶发的失误,有人飞短流长、强带节奏,甚至有人肉搜索、辱骂攻击等网络暴力行为(图7-16)。从侮辱谩骂到造谣诽谤,从侵犯隐私到对立攻击,一句句愤慨尖锐的言辞,一场场猝不及防的"语言风暴",一次次刨根问底的人肉搜索,掀起舆论波澜,严重影响正常生活,既污染网络世界、荼毒社会风气,也给当事人带来精神压力、造成心灵创伤,有时甚至酿成无可挽回的悲剧。"网暴之祸猛于虎",寻亲男孩因网暴致死,高三女生因誓师大会上激情澎湃的发言遭受网暴,汶川地震幸存者"钢腿女孩"被网友非理性攻击……近年来发生的多起网络暴力事件,严重侵害个人权益,对网络空间的秩序和安全造成严峻挑战。因此我们必须学会约束自己的行为,与人为善,拒绝网暴。

图7-16 人肉搜索

（一）不轻信盲从

要提高自身网络道德素质，学会独立、冷静、理性地思考和看待各类社会现象，不盲目跟风，不轻信一些未经证实的言论。

（二）不妄下断言

己所不欲，勿施于人。我们应当设身处地地站在别人的角度思考，坚守道德底线，不在网上随意发表过激言论，不传播谣言。

（三）不辱骂攻击

在网络中应当自尊自律、恪守社会公德，文明互动、理性表达，将心比心、心怀善念，争做网络秩序的维护者和网络文明的践行者。

党的二十大报告中提出："健全网络综合治理体系，推动形成良好网络生态。"网络空间是亿万网民共同的精神家园，在这个信息爆炸的时代，面对形态多样、不断变化的网络暴力，我们需要理性发声、与人为善，从自身做起，树立正确的价值观，自觉抵制网络暴力，共同守护风清气正的网络世界，为营造一个美好的网络环境贡献自己的力量。同时，我们也应该关注身边的亲朋好友，帮助他们提高防范意识，共同抵制网络暴力的侵害。

第三节　观点表达，实事求是

导入

2022年9月，某视频网站出现一则关于学校的恶意剪辑视频，该视频充斥大量拼接的不实视频素材和虚假言论，仅半天就在学生中广为流传，跟帖人数不断增加，给学校带来了极其恶劣的影响。经过网警及学校摸索排查，找到抖音视频的发布者——本校学生小刘。

经调查，小刘性格较为叛逆，生活中特立独行，平时脾气较大，凡事以自我为中心，不顾及他人感受，几乎不参与集体活动，在班级内部不受欢迎，并多次与他人产生口角，学习成绩仅能维持在及格线水平。通过辅导员谈话，小刘承认了自己的错误行为：由于性格叛逆，缺乏规矩意识，法制观念淡薄，加上与同学关系不好，没有明确的学习目标和人生规划，于是选择了在网上发布恶意剪辑视频来消遣发泄。辅导员告知小刘在网上随意发布不实言论的后果，并对其进行了思想政治教育和普法教育。

经过一个学期的正面引导，小刘成熟稳重不少，未再出现恶意传播不良信息等现象，与班级同学的关系也有所改善。小刘脚踏实地，积极投身社会实践，成为一名光荣的抗疫志愿者，并主动报名班里的扫雪活动，参加学院的运动方队训练，学习上也有了动力，上课状态较好，期末考试成绩由倒数上升到中上等。

思考讨论：
1. 小刘在网上恶意剪辑发布视频的动机是什么？
2. 这个案例给我们带来了什么启示？

如今，网络已经成为联系人们生活最紧密的纽带，给予了社会公众更为广阔、更为宽松的舆论表达空间。所有的人都可以在网上对于热点事件发表自己独特的看法，网络言论成为新的言论表达方式。随着自媒体、微信等社交平台的迅猛发展，人人都可成为"自媒体"，人人都是"发声场"。以前的"口口相传"变成了"指尖跳跃"，在越来越小的网络地球村里，我们随时可以对世界任何地方的人或事发表自己的见解，说出自己的想法，表达自己的心声。

然而，由于互联网具有公共性、匿名性、便捷性等特点，也带来了很多问题，个别人员发表言论随意，在网络上宣泄负面情绪、诋毁他人，网络暴力、网络谣言等一系列问题日益凸显，这些问题不但冲击着网络世界，严重恶化了网络生态，而且对现实世界中的风俗与道德秩序造成了破坏，影响之大可见一斑，如图7-17所示。

图7-17 网络谣言危害大

网络谣言

一、网络观点表达失范的表现

（一）违背传统语言规范

网络语言是在网络出现后兴起的新型语言，是网络发展的产物，多样化的网络语言丰富了语言本身，让表达更加简洁、有新意。但是在网络语言变迁过程中也存在许多不良现象，如随意更换文字，嫁接成语，以数字代替词语，中英混搭以及随意造词，简化句子结构，曲解词语原本内涵，违反汉语的规范写法和使用规则等现象，甚至以玩笑戏谑的态度对历史名人、传统词意进行再解释，对语言的规范使用造成严重的冲击。

（二）违背传统道德规范

网民中年轻人占比较大，他们思维活跃、善于创新，为了展现自己的独特性，部分网民表达观点态度时违背传统道德规范，随意发表不良言论，甚至使用低级粗俗的语言进行网络谩骂。这种低俗的网络言论不仅污染着网络空间，也腐蚀了网民的精神世界，我们应当坚决予以抵制，如图7-18所示。

图 7-18 坚决抵制网络谣言

（三）违反法律、违背规范

在网络交流中，有些人由于缺乏法律常识，随意攻击他人或者散布他人隐私，有时走上犯罪的道路都浑然不知。比如用语言侮辱他人人格，践踏他人尊严的网络暴力，利用互联网技术对当事人的姓名、住址、联系方式和学习工作单位等隐私信息进行查询，并在网上曝光的人肉搜索，甚至还出现了"键盘侠""网络水军"这一类网民。他们在网上受人之托，采取不良行动，以取得一定收入，其中不乏有一些学生，他们在对当事人进行网暴、散布网络谣言时，日常生活中的法律、道德被抛之脑后，成了肆意谩骂、出口伤人的刽子手，违反了法律、违背了道德，如图 7-19 所示。

图 7-19 网络谣言违背法律规范

维护网络诚信，共享网络文明

二、如何在网络上正确表达观点

（一）自律慎独

在网络空间中努力做到"自律"，使自己的网络言行符合法律和道德规范，保证自己网络言行的积极健康，不使用网络骂语，不参与网络暴力，学会在网上筛选有用信息，抵制网上不良信息的诱惑。在使用自己的网络话语权时，要注意不能侵犯他人的合法权益，不能超越道德和法律的界限。

（二）明辨是非

网络上的信息有真有假，我们应当有明辨是非的能力，对于不明真相和未经核实的信息，不能进行转发并妄下断言，应当通过权威平台确认信息的正确性之后再发表自己的观点。

（三）理性思考

应当积极学习，提高自己的素质，理性对待问题，全方位客观地看待问题，不随波逐流，不人云亦云，要用理性的思维、冷静的头脑、自主的认知去思考、去判断、去行动，用良心和责任来考量、度衡自己说的每一个字、每一句话，做的每一件事。

（四）实事求是

应当自觉遵守网络安全法（图7-20）。不要随意捏造事实，不造谣、不信谣、不传谣，不夸夸其谈、不表里不一、不华而不实，而要力求精准，理性发声，有理有据，实事求是。

图7-20 自觉遵守网络安全法

（五）文明有礼

要文明礼貌、心平气静地表达自己的观点，不能发表侮辱、谩骂、诽谤他人的文字、图片和视频，也不能随意发表情绪化、攻击性、煽动性言论。

（六）承担责任

在规范自身网络用语的同时，还要树立社会责任感，勇于同网络中的不良行为做斗争，对网上其他人发布的虚假信息、不当言论和网络语言暴力等现象进行批评甚至举报，积极承担起规范网络言论的责任。

三、网上表达观点的具体步骤

（一）查阅法律法规

了解言论自由的范围和限制。所谓知法才能守法，只有自身懂得相关的法律法规，才不会轻易相信网络舆论，才不会稀里糊涂地在网上参加非法活动，也才知道什么该做，什么不该做。

（二）选择合适平台

选择权威的新闻网站、社交媒体等，权威平台无论是获取信息还是发布信息都是比较好的选择，具有极强的公信力，比如"人民日报""新华社""人民网""央视新闻"等。

第七章　网络沟通——克己慎独，守心明性

（三）遵守平台规定

在发表言论之前，要仔细阅读平台的规定和条款，以确保言论内容符合平台的规定。

（四）认真审查内容

一定要自觉遵守网络道德规范，在发布言论前一定要三思，认真思考并审查将要发布的内容，避免冲动发言和语言不当。

（五）维护自身权益

如遇到不当言论，可以通过举报、投诉等方式维护自己的权益。

总之，在网上发表言论需要谨慎行事，遵守法律法规和平台规定，保持理性和尊重，谨慎使用网络表达权，维护网络身份尊严，用我们每个人的真挚行动还给网络一片蓝天。

第四节　谨言慎行，遵纪守法

导入

有一天，小明的朋友鹏鹏找到他，说是有个日薪50元的网络刷单兼职工作非常轻松，想拉小明入伙。为了打消小明疑虑，鹏鹏还将小明拉入一个刷单QQ聊天群，让小明以"观察员"的身份进行学习。看着鹏鹏每天只是简单动动手指头，在手机上刷刷单就能赚到钱，小明心动了，于是加入刷单行列中。鹏鹏还鼓动小明发展下线，这样钱也能赚取更多。后来，小明将这个轻松赚钱的好消息告诉了室友小付。

后来，学校辖区公安机关发现此事，立即展开调查，最终在学校保卫处配合下，将小明抓获并带回公安机关进行调查，通过信息核查，民警发现小明手机里的支付宝和微信账单上存在大量5~50元不等的交易转账，次数频繁。在小明退出的某些微信群和QQ群中，民警还发现他与其他犯罪嫌疑人的聊天信息和转账二维码。在证据面前，小明无力狡辩，承认了"刷单"的事实。他称自己并不知道网上刷单是一种违法犯罪行为。经询问，小明供述出了自己所知道的参与刷单人员，他们刷单所得收入，少的有几百元，多的有上千元，其间还有过买卖银行卡、支付宝账号等违法犯罪行为。他们因为无知，均受到了法律的惩罚。

民警告知他们："所有的网络刷单返现都是诈骗，千万不要轻信，更不要参与；此外，买卖个人银行卡、微信和支付宝账号，容易造成自身财物损失，甚至可能涉嫌违法犯罪活动。"犯罪嫌疑人小明表示深深悔恨，他说："当我走进派出所的时候，我才明白我的行为已经触犯法律，这个污点可能会伴随我一辈子。我也希望发生在我身上的事情能给当代年轻人敲一个警钟。"

思考讨论：
1. 网络刷单会导致什么不良后果？
2. 你知道的网络违法行为有哪些？

一、不良网络行为

（一）传播谣言、散布虚假信息，如图 7-21 所示。
（二）网络色情聊天。
（三）传播垃圾邮件。
（四）窥探、传播他人隐私。
（五）炒作色情、暴力、怪异等低俗内容。
（六）盗用他人网络账号。
（七）网络欺诈行为。
（八）在论坛、聊天室侮辱、谩骂他人。
（九）沉迷游戏。

网络诈骗

图 7-21 传播谣言、散布虚假信息

青少年网络安全知识指南

二、全国青少年网络文明公约

（一）文明上网，不浏览不良信息

将网络作为课外学习的一种新工具和了解大千世界的新途径，不接触、不浏览有关色情、愤恨、暴力、邪教或者怂恿进行非法活动等一系列的内容。如果已接触了这些不良信息，就要及时告诉父母和老师以取得帮助。

（二）要诚实友好交流，不侮辱欺诈他人

在通过网络进行交流时，要礼貌待人，不使用脏话；要态度诚恳，不欺诈他人；要遵守礼节，不随心所欲。总之，要尊重他人，自己才能得到别人的尊重。

（三）要增强自我保护意识，不随意约会网友

不要轻易相信别人，不要透露有关家庭的任何资料，包括姓名、地址、电话等；在没有得到父母的同意前，不要约会网上的朋友；在遇到令自己不适的信息时，不要回复，但要马上告诉父母和老师，谨防网络诈骗，如图 7-22 所示。

第七章 网络沟通——克己慎独，守心明性

图 7-22　谨防网络诈骗

（四）要维护网络安全，不破坏网络秩序

在保证自己不参与违背道德、法律活动的前提下，对于周围的小伙伴有不良行为者，要加以劝阻说服或告诉家长和老师。

（五）要有益身心健康，不沉溺虚拟时空

要培养自我约束的能力，时时刻刻提醒自己，坚持户外运动，保证健康体魄；要坚持做眼保健操；要制定学习计划，不盲目上网，不沉溺于网络。

（六）要树立良好榜样，不违反行为准则

乐于帮助周围需要帮助的人；要是非善恶分明，敢于和坏人坏事作斗争；要树立良好的榜样，不违反行为准则。

三、如何做新时代好网民

作为新时代网民，我们应该文明上网、健康上网、适度上网，营造一个文明、安全、绿色的网络环境，促进网络文明健康发展。

文明上网

（一）依法上网，促进清朗网络建设

互联网不是"法外之地"，作为网民我们应自觉遵守国家有关互联网的法律、法规和政策，坚持依法上网。网络上既有很多知识，也有很多诱惑，甚至还有一些不好的导向和消息，作为职业院校学生，必须要能够管好自己，严格要求自己，做到遵纪守法，不在微博、微信、贴吧等发布和传播违反国家法律、影响国家安全、破坏社会稳定、破坏民族团结和宗教信仰的新闻、信息，不把网络当作违法犯罪的阵地，共建清朗的网络空间。

（二）文明上网，加强网络道德观念

我们要养成良好的上网习惯，提高自身文明修养，不信谣、不传谣、不发布、不转发未经证实的有可能会给社会或他人造成伤害的信息；坚决抵制有害身心健康的文字、图片、影音资料及各类淫秽、低俗信息；积极倡导社会主义核心价值观，提高网络道德修养，文明上网、文明发言，自觉抵制网络低俗之风，积极树立文明新风，争做文明网民，如图 7-23 所示。

图7-23 文明上网

（三）安全上网，抵制网络有害信息

我们应掌握必备的安全意识，丰富自身的网络安全知识，自觉抵制不良信息，不随意打开不明网站，不轻易在网上透露个人隐私和重要身份信息，尽量不使用公共计算机处理重要资料，谨防因信息泄露造成不必要的损失。善于思考和分析，认真辨别信息的真伪，不随便约见网友，发现可疑情况要及时投诉或举报，自觉维护网络安全，争做维护网络安全的践行者。

（四）自律上网，拒绝网络成瘾现象

我们要坚持健康用网，加强自律，绝不沉迷网络。有些学生，不能正确认识网络，不能摆脱网络控制，深陷网络不可自拔，甚至因为网络耽误前途，因此我们必须要自律上网，不做网络的奴隶，如图7-24所示。

图7-24 防止网络成瘾

（五）理性上网，维护网络健康环境

在网络生活中，我们应该有理性、有主见，对散播谣言、侵犯隐私、侮辱他人、信谣传谣的信息及时删除，不跟风、不炒作。主动抵制和举报各种网络不文明行为，积极维护国家、社会和个人的合法权益，努力营造健康向上的网络环境。

（六）健康上网，避免与网络损友交往

在网络生活中，我们应当做到健康交友。在进行网络交友时，当不了解对方的情况时，不要轻易透露个人信息，不要一时头脑发热被人利用，也不要有经济往来，对网友避免有过高期待。

维护网络文明，人人有责。我们要争当促进网络和谐稳定的"文明上网人"，践行文明礼仪，规范言行举止，做文明有礼的新时代好网民，守护网络空间，传递正能量（图7-25），共同营造一个真正文明和谐的网络世界！

图7-25 传播网络正能量

四、不当网络言论的法律责任

言论自由不是情绪宣泄自由,网络也并非法外之地。无论是在现实社会还是在网络世界,只要针对他人或特定群体发布不当言论,僭越了法律红线,情节严重者就都将构成违法犯罪(图7-26)。那么发表、散播不当言论触犯了什么法律?

图 7-26 不当网络言论是违法犯罪

(一)发表不实言论的,如散布谣言、谎报险情、疫情、警情等,属于故意扰乱公共秩序的行为,违反了《治安管理处罚法》第二十五条的规定,一般处五日以上十日以下拘留,可以并处五百元以下罚款。

(二)发表仇恨性言论的,如因发泄情绪等目的发表不当言论,造成不良社会影响的,违反了《治安管理处罚法》第二十六条的规定,一般处五日以上十日以下拘留,可以并处五百元以下罚款。

(三)对特定人发表侮辱性、诽谤性言论的,违反了《治安管理处罚法》第四十二条的规定,一般处五日以下拘留或者五百元以下罚款;情节较重的,处五日以上十日以下拘留,可以并处五百元以下罚款;有暴力或者其他严重情形的,还会违反《刑法》第二百四十六条的规定,构成侮辱罪或者诽谤罪。

法律条款:

《治安管理处罚法》第二十五条

有下列行为之一的,处五日以上十日以下拘留,可以并处五百元以下罚款;情节较轻的,处五日以下拘留或者五百元以下罚款:

(一)散布谣言,谎报险情、疫情、警情或者以其他方法故意扰乱公共秩序的;

(二)投放虚假的爆炸性、毒害性、放射性、腐蚀性物质或者传染病病原体等危险物质扰乱公共秩序的;

(三)扬言实施放火、爆炸、投放危险物质扰乱公共秩序的。

《治安管理处罚法》第二十六条

有下列行为之一的,处五日以上十日以下拘留,可以并处五百元以下罚款;情节较重的,处十日以上十五日以下拘留,可以并处一千元以下罚款:

(一)结伙斗殴的;

(二)追逐、拦截他人的;

(三)强拿硬要或者任意损毁、占用公私财物的;

(四)其他寻衅滋事行为。

《治安管理处罚法》第四十二条

有下列行为之一的，处五日以下拘留或者五百元以下罚款；情节较重的，处五日以上十日以下拘留，可以并处五百元以下罚款：

（一）写恐吓信或者以其他方法威胁他人人身安全的；
（二）公然侮辱他人或者捏造事实诽谤他人的；
（三）捏造事实诬告陷害他人，企图使他人受到刑事追究或者受到治安管理处罚的；
（四）对证人及其近亲属进行威胁、侮辱、殴打或者打击报复的；
（五）多次发送淫秽、侮辱、恐吓或者其他信息，干扰他人正常生活的；
（六）偷窥、偷拍、窃听、散布他人隐私的。

《刑法》第二百四十六条

以暴力或者其他方法公然侮辱他人或者捏造事实诽谤他人，情节严重的，处三年以下有期徒刑、拘役、管制或者剥夺政治权利。

小 结

互联网极大地丰富、方便和改变了人们的生产生活，为人们创造了一个开放的、多元的世界，为人们的思想交流提供了一个前所未有的自由的平台，我们能借助互联网自由地发表自己的言论，表达自己的见解，与他人进行思想的碰撞和交流，同时也使人们的道德观念遇到了新的挑战。

面对这些挑战，我们应当明白，网络不是法外之地，公民个人在网络空间的言行不能逾越法律底线。我们要努力做到克己慎独、守心明性、与人为善、实事求是、遵纪守法、文明上网、理性发言，树立安全防范意识和以礼待人意识，正确表达自己的观点，拒绝不良网络行为，遵守全国青少年网络文明公约，做新时代好网民，共同构建文明有序的网络空间。

自我拓展练习

1. 结合自身经历，说说你在网络沟通中遇到过哪些问题？
2. 在学习完本章以后，你对于应对这些问题有何思路？

第八章 职场沟通
——群策群力，和衷共济

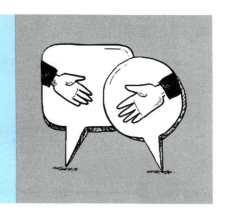

导读：

走入职场参加工作是学生在完成学业之后的必然选择，而学会高效的职场沟通则是能顺利获得用人单位认可、胜任岗位职责的重要保证。本章主要讲述学生在求职应聘和岗位工作中所需要开展的交流、沟通技巧以及一些常见问题的应对方式，有针对性地提升学生对信息的获取、处理能力和表达能力（图8-1），从而为学生将来顺利走入职场，高效完成工作任务，建立和谐的职场人际关系打好基础。

图 8-1　获取、处理和表达信息

学习目标

知识与技能目标：掌握求职应聘的必备技能，学会制作个人简历并能在应聘过程中灵活沉着表达；掌握在工作岗位上与领导、同事、客户等不同对象的沟通交流技巧。

过程与方法目标：通过学习知识，分析案例、模拟场景、结对讨论来增强实际操作和处理问题能力，提高灵活社交水平。

素质目标：树立正确的职场观念，形成正确的工作观念、社交观念，建立和谐的人际关系。

学习重点

掌握求职应聘的必备技能，学会灵活处理与领导、同事、客户等的关系。

人际关系与沟通

学习难点

学以致用，将求职应聘技巧内化于心、外化于行，开展实践锻炼；针对不同的对象采取不同的交流沟通方式。

第一节 求职技巧，处之怡然

导入

小王在校期间的专业成绩不错，而且很自信。毕业之后，踌躇满志的他多方求职，很快就获得了用人单位的面试邀约。对自己理论知识和专业技能都颇为自信的小王并未做过多准备就前往应聘（图8-2）。在应聘当天，他为了避免紧张，便穿着休闲T恤衫和运动鞋来到了应聘的公司。由于未仔细阅读面试须知，到后才发现需要上交纸质版个人简历，不得不着急去找打印店。在面试过程中，自信的小王侃侃而谈，数次不顾面试官提醒超时发言，且多有如跷二郎腿、交叉抱臂等动作。面试完毕之后，信心满满的小王却始终未能得到该公司的回信。

思考讨论：
1. 小王为什么没有得到公司回复？他错在哪里？
2. 若是你来应聘，你又当如何表现？

图8-2 面试

"00后"找工作更看重什么

一、求职前期细准备

（一）岗位筛选，目标明确

许多人在求职选择工作岗位时往往欠缺考虑，漫无目的地投简历或者未经考察就匆忙应聘，由此会导致入职之后发现实际工作与自身期望相去甚远，从而产生消极倦怠，工作动力大打折扣进而离职，更有甚者被不良企业欺骗，使自身合法权益受到侵害。由此可见，在求职时应根据自己的兴趣爱好、专业特长、发展方向等选定就业方向和工作岗位（图8-3），有的放矢地进行简历投发和应聘面试，能极大地提高自己对未来岗位的满意度和工作的幸福感。

· 170 ·

第八章 职场沟通——群策群力，和衷共济

图 8-3 选定工作岗位

1. 反向筛选，明确目标

大多用人单位的岗位招聘都会集中进行，同一时间内发布的招聘公告中也会包含招聘岗位所需要具备的能力条件等要求，例如专业方向、技能证书、工作经验等（表 8-1）。大家不妨进行反向筛选，即将自己的专业技能不符合要求、自己不愿意做的岗位排除掉，余下的基本上就是自己能够去从事的工作了。

表 8-1 ×××公司 2023 年度招聘岗位汇总表

岗位名称	招聘人数	学历	学位	专业要求	研究方向	其他要求	面试比例
部门经理	1	研究生	硕士	管理学	经济管理	有部门经理工作 3 年及以上经验；中共党员	1∶3
财务科长	1	本科	学士	会计	无	具备中级职称（会计师）；40 周岁以下	1∶3
维修工	3	无	无	电器类；机械类	无	具有相应专业技能认定证书；具备工作经验者优先录用	1∶3

2. 结合意愿，游刃有余

很多人在选择岗位时会根据自己的专业特长来进行，因为自身已具备了相应的理论知识和专业技能，如此进入岗位之后工作起来可以得心应手；也有人会以自己的兴趣爱好为取向进行岗位选择，因为自己喜欢这项事业，如此则更愿意投入精力和时间，更容易做出成绩。在刚刚进入职场时，青年人尽量不要抱着"先随便找一份工作做着，然后再找自己理想的工作"这样的无所谓的心态来求职，因为如果当下的工作自己不喜欢，就不会有动力将其做好，且不能为以后求职积累工作经验，使得自己在以后的求职竞争中不具备优势。

3. 发展前景，未来可期

当下选择的工作极有可能是自己一生所要从事的事业，所以当下的选择应该冷静且具有长远发展的考虑。就业伊始即从事自己计划长远发展的工作，可以不断积累工作经验，使得自己在该行业、领域的专业能力和竞争力越来越强，从而为升职加薪甚至"跳槽"打下良好基础；倘若在就业伊始所从事的工作不符合自己的职业发展规划，也不要灰心气馁，做好当下的本职工作也可以为自己积累良好的职业声誉，获得宝贵的职场经验，同时保持对自己

理想职业的关注和学习,当机会来临时进行求职,坚持不懈则必然成功。

4. 待遇满意,工作有力

薪酬待遇问题是大多数人工作时首先考虑的问题。在求职时,可以通过直接咨询和自行调查相结合的方式,了解求职单位的薪酬待遇情况(图8-4),如此可以避免自己做出盲目决定,也可以避免因薪酬待遇问题而与单位产生矛盾纠纷。

图8-4 薪酬待遇

此外,大家还应该树立正确的薪酬待遇观念。我们的工作不仅仅是获得报酬的手段,还是服务他人、奉献社会的方式。所以在工作时除了要考虑经济收入之外,还要兼顾社会意义和价值,优待高薪的工作可以做,奉献社会的工作鼓励做,违法犯罪的工作禁止做。

> **案例链接**
>
> 小王在上学时学习的是机械制造类专业,毕业后想着找一份轻松的工作来做,于是便在家里亲戚的介绍下来到一家工厂做行政工作,工作内容包括文稿整理、生产计划编制以及部分新闻宣传工作。但是小王对此类工作一窍不通,尤其是在写文稿方面,令他感到力不从心(图8-5)。于是他向亲戚抱怨:"原本以为行政工作很轻松,没想到这么麻烦!"后来工厂进行岗位调整,抱着试一试心态的小王要求到生产车间工作。没想到新岗位的工作让他如鱼得水,上学期间学的知识和技能正好对口,技能娴熟且效率极高的小王很快当上了班组长,并成了工厂的重点培养对象。
>
>
>
> 图8-5 应对工作力不从心
>
> **思考:**
> 小王在不同的岗位上为什么会有不同的结果?这对你有何启发?

（二）全面备考，旗开得胜

不同单位的员工招聘会以不同的方式进行，笔试和面试则是最常用的两种方式。其中笔试注重考查应聘人员的理论知识储备和书面表达能力，面试则注重考查应聘人员的实践操作和临场应变能力。在两项考试完毕后再以相应的比例将两门成绩合并，以此排序确定取得试用资格的人员。

总体而言，考试准备应结合应聘岗位的要求进行（图8-6）。除了要准备专业理论知识之外，还应该掌握基础的实践操作知识，最好还能掌握一些与应聘岗位相关联的其他岗位的基础知识，形成基本的岗位工作网络和逻辑思路，如此更有利于应对考试中的新问题。

图8-6　积极备考

二、面试过程要谨慎

面试是招聘方与应聘者面对面双向交流，获取最直观信息的主要方式。它主要是指在特定场景下，以面试官对应聘者的交谈与观察为主要手段，由表及里测评应聘者的知识、能力、经验和综合素质等有关素质的考试活动。面试能否成功在很大程度上决定求职是否成功。

（一）面试前期准备

良好的开端是成功的一半，做好面试前的准备可以极大地提高自己的自信心，能让自己更加沉着冷静地应对面试中的各种情况。反之，则极易使自己陷入慌乱之中，导致发挥失常。面试前的准备可以从以下几方面进行。

求职者如何做好面试前的准备工作

1. 塑造良好的职业形象

外在形象是陌生人在了解我们时建立的第一印象，它能在别人的认识判断中起到决定性的作用。可想而知，西装笔挺、面容干净的人给人的印象是干练沉稳的，而衣衫不整、面容邋遢的人给人的印象则是懒散轻浮的。不论男士还是女士，职业形象的整理都以得体、整齐、简单、干净为标准（图8-7）。

2. 熟悉演练自我介绍

自我介绍在大多数面试活动中都是必不可少的环节，熟练且有逻辑的自我介绍不仅能为良好的职业形象加分，更能让对方认识到你是一个头脑灵活、思维敏捷的人。所以，提前编辑并练习自我介绍，可以使你在实战中表现稳定，并能助你提升信心。而对于比较容易紧张的人，可以采取"自我暗示"的方法，例如默默告诉自己"我已准备充分，这小小面试不在话下！"或者"其他面试者看起来跟我差不多，我并不比他们差！"，以此来减少紧张所带来的慌乱。

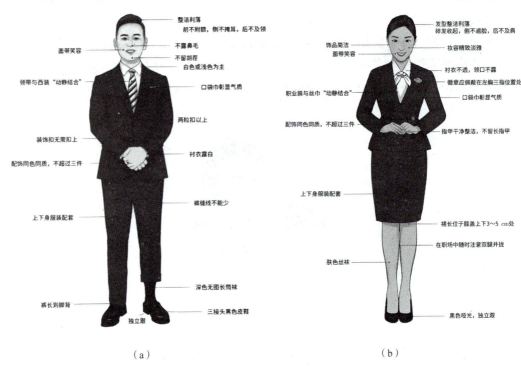

图 8-7　良好职业形象

3. 提前熟悉面试场地

提前熟悉面试场地，一方面可以把握从住所前往面试地点的路线和时间，从而能保证准时到达；另一方面了解面试场所，可提前代入面试场景，在意识中模拟演练一下，或许可以提前发现问题并准备解决方案。

（二）面试过程要注意

面试的过程虽然不长，却是招聘方对应聘者进行重点考察的过程。在这个过程中，应聘者的言行举止、体态表情、细微变化等都会被仔细观察并分析，所以哪怕是一点小失误都有可能导致应聘者"前功尽弃"。面试过程中需要注意以下几个方面。

如何在一分钟内打动面试官

1. 谨慎仔细，"保持警惕"

来到面试单位即意味着面试已经开始，即使尚未走入面试室、未与面试官交谈，也应注意自己的言行举止，如图 8-8 所示。

第八章 职场沟通——群策群力，和衷共济

图 8-8 注意言行举止

案例链接

福特在大学毕业后到一家汽车公司应聘，他发现一同去应聘的几个人都比他学历高，在其他人面试时，他对自己已经不抱希望。当他走进董事长办公室时，发现门口地上有一张废纸，他很自然地捡了起来，看了看，原来是一张废纸，就顺手把它扔进了垃圾篓。董事长对这一切都看在眼里。福特刚说了一句话："我是来应聘的。"董事长就发出了邀请："很好，很好，福特先生，你已经被我们录用了。"这个让福特感到惊异的决定，实际上源于他那个不经意的动作——捡起一张废纸。从此以后，福特开始了他的辉煌之路，直到把公司改为自己的名字。

思考：
如果你是福特，你会捡起这张废纸吗？

生活中一些很不起眼的小事或细节，可以看出一个人的素质，看出他做人、做事的态度。而这会对这个人的一生产生巨大的影响，不要忽视平时身边的小事。

2. 严肃认真，先想后说

面试是一场严肃的职场活动，要遵守社交礼仪规则，例如讲普通话，用礼貌语，不打断别人发言，他人提问必有回应等。过于随意会显得自己对面试不够重视，对面试官不够尊敬。同时还要注意，在面试中说话不能急促慌乱，要先理解问题要求，稍加思索后再发言，做到"言之有物、言之有理"，如图8-9所示。

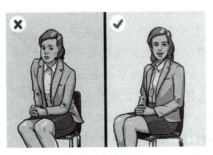

图 8-9 不能急促慌张

3. 体态端正，态度从容

在面试过程中要把自己最好的精神状态展现出来，所以要始终注意自己的体态形象、举

手投足。站姿要挺拔，坐姿宜端正，动作幅度不要过大。还要注意自己的面部管理，不宜展现较夸张的表情。神情态度从容自信，切忌惊惧畏缩，如图 8-10 所示。

图 8-10　相信自己

三、面试结束莫放松

面试结束并不一定意味着求职的结束。有的招聘单位会在面试结束后即时发布面试成绩，有的则需要间隔一段时间才会发布。对于后者这种情况，若在原通知时间节点仍未出结果，那么应聘者可以去电咨询自己的录取情况。这种行为一方面可以最直接了解自己是否被录取，另一方面可以向招聘方表明自己对此次应聘的重视及对应聘岗位的期望，或可为自己赢得后期替补机会。若自己未被录取，则可以礼貌询问自己未被录取的原因，从而进行有的放矢的查缺补漏，为下一次应聘面试做准备。

第二节　领导沟通，条分缕析

导入

田先生在一家广告公司做广告文案策划。一天下班前，上司布置了一项重要的任务：按照甲方要求做一个详细的策划方案。在布置任务时，他始终在跟同事抱怨"要下班了才布置任务！"在制定的方案初稿中，田先生又在未与上司商量的情况下私自修改了几处甲方要求。上司对他的方案进行了审核后发给他修改，但他发现上司的思路有一个错误。于是，田先生又找到上司，当时上司正在开会，田先生当着其他同事的面说："你的思路根本不对，应该这样……"，直接否定了上司。会后，上司立即将该方案交给了别人做。后来，田先生也被调到了其他部门，如图 8-11 所示。

图 8-11　工作失误被处分

思考讨论：

1. 田先生的上司为什么把方案给别人做了？
2. 你从田先生的失误中得到了什么教训？

一、态度很重要

所谓领导，即是在工作中对我们进行引领和指导的职场角色（图8-12）。能够成为一名领导，则说明其必定在相应的工作领域具备丰富的工作经验，熟练的工作技巧，以及较强的工作能力，而这些正是初入职场的大学生所欠缺的。所以，在工作中与领导沟通到位，可以更加高效地实现上下级的信息交流，进而更快地解决问题，完成任务。

图8-12　领导

与领导沟通首先要注意自己的态度。作为规划者、指导者、决策者的领导具备一般员工所不具备的经验和能力，也承担了更为重要的责任，在实际工作中的地位要高一些。

（一）不卑不亢，落落大方

面对领导应示以尊重，这实际上表达的是员工对工作岗位的重视和对其工作能力的钦佩。所以在面对领导时要有礼貌，例如见面问好、注意礼让等。但是要注意，表示尊重要以适度为要，过度则会显得自己过于卑微而有阿谀奉承之嫌，反倒容易被人蔑视和厌恶。

职场中怎么样跟领导沟通

(1) 与领导交谈称呼用"您"；与他人交谈称呼则可用姓氏加职务，例如李部长、王主任、张书记等。
(2) 在门口、电梯口与领导相遇要主动开门，注意礼让。
(3) 见面宜主动与领导打招呼，忌低头躲闪、视而不见。
(4) 与领导同行，要在其身侧稍后一点的位置。

（二）维护威信，不伤面子

作为领导需要具有一定的威信。这种威信一方面来自领导本人的能力和魅力，另一方面来自员工的推崇。试想一位领导若不受员工的重视、尊敬，其所带领的团队会是什么样子？组织涣散的团队会使每一名成员的发展受阻。维护领导威信还要注意不伤面子，即维护领导在公众场合的形象和尊严。

(1) 肯定领导，认可领导。
(2) 发现领导的优点和长处。
(3) 虚心学习，诚心请教（图8-13）。
(4) 发现错误私下告知，不当他人之面与领导争执。

图 8-13 虚心向领导求教

案例链接

> 小李和小张所在的部门新来了一位王经理，这位王经理以思想新颖、观点独特著称。没几天，王经理就在会上提出了一种改革方案供大家讨论，大家反响不一。因为表面上王经理的改革可以提高公司的营销业绩，但这种方案一旦实施就很可能动摇公司的结构。听了这个方案，小李立马加以否定，并提出了自己的意见。尽管小张也不同意这个方案，但并没有立刻反对。接下来，王经理分别给两人做了任务安排。小李依旧反对，小张却按吩咐行事。只是，当相关部门对新方案做出反应后，小张将这些反应汇总，并与王经理一起分析问题所在，对方案进行修改。无形中，小张已经拒绝了王经理的决定，而且还让王经理接受了自己的意见。从此，王经理对小张多了一份青睐。
>
> 思考：
> 同样都是不认同王经理的决定，为什么只有小张会得到王经理的青睐？

（三）公事听指挥，私事不打听

在工作环境中除了要应对公事之外，个人私事也难免要处理。对于公事来说，每位员工都责无旁贷，应该听从领导指挥，服从组织安排，如此才能保证团队的凝聚力和战斗力。但是私事大多涉及个人隐私，非对方主动告知而不要自行询问打听。公私两清更有利于处理与领导之间的关系。

与领导相处的经验和建议

（1）对于领导安排的工作要重视，要认真落实。

（2）对于超出自己能力范围的任务，则要找准时机、实事求是地向领导说明情况，而不能随意推脱、生硬拒绝。

（3）不私自打听领导隐私，更不能私自查看领导私人信件、物品。

（4）对于领导提出求助的私人事宜应加以判断后再决定是否帮忙。

（5）对于自己的私人事宜，若需要向领导求助，则也应在不违反法律法规和公序良俗的前提下进行，如图 8-14 所示。

图 8-14 公私分明

（四）与异性领导之间保持距离

在职场中与异性领导之间的相处要尤其注意把握分寸。过于亲密、暧昧不明的异性上下级关系极有可能会危害到上下级双方的发展，如图 8-15 所示。

图 8-15 与异性交往，应保持距离

（1）日常相处中应保持适当的物理距离。
（2）尽量不私自移动、拿取、处置异性领导的私人物品。
（3）除了有紧急公务外，私人时间不过多联系，尤其注意不在深夜联系异性领导。
（4）工作之外的私人事宜尽量不掺和。
（5）工作中的言行举止也要注意把握分寸。

二、技巧要灵活

在职场中与领导处理好关系最主要的方法就是将领导交办的工作做好。但是在实际的职场环境中，虽然很多人都能完成工作任务，但是却不一定都能获得领导的青睐，甚至会受到批评，其原因主要就是因为没能注意工作中与领导交流沟通的技巧。简单的"布置任务—接受任务"的过程其实有许多需要注意的地方。

（一）工作积极问，任务主动求

你对待工作的态度直接决定了领导对待你的态度。可想而知，对待工作积极主动、认真细致的人和对待工作消极怠慢、糊弄应付的人，在领导心目中的地位必然是不同的。

所以要学会主动向领导询问工作计划，并能主动要求承担工作任务（图8-16），如此，一方面可以通过多实践来快速提升自己的工作能力，另一方面则可以建立领导对自己的良好印象。

图 8-16 承担重任

要消除那种"事不关己高高挂起"的旁观者心态和遇事往后退的"缩头龟"心态,这样的心态只会让人越发消极,"在其位难谋其政"和"在其位不谋其政"的结果都必然是"失其位"。

(二)接收到任务不宜直接问"怎么办"

很多人有主动承担工作任务的心,但是在接到工作任务时却一时不知该如何去做,此时应该怎么办呢?有的人就会想到直接"撂挑子",有的人会马上问领导"这个问题怎么解决",还有一部分人会在尝试解决问题之后向领导提出几项方案,然后问"您看这几种方案哪个更合适"。

上司让自己做超出能力范围之内的事,该怎么办?

"撂挑子"的人没有责任感也没有积极干劲,以后必然不会再被托付重任;上来就问领导怎么办的人行事鲁莽、思维僵化,可能当下就会受到领导的批评,后期如果不加改进,则其发展也不会长远;提供备选方案的人表现出了较强的责任心、创新力和行动力,相对而言必然会获得领导的赏识。

领导将任务交给员工,就是要员工去解决它、完成它,若万事领导可自己解决,那也就意味着员工的岗位没有必要存在了。所以在接到领导任务而一时没有头绪该如何做时,不宜直接向领导提问,而应该发挥自己的能动性,可以通过向他人请教、自主学习等方式尝试解决问题并形成初步方案(图8-17),然后向领导汇报,如此更有利于获得领导指导,推动问题解决、完成任务。

图8-17 制定工作方案

(三)进度多汇报,问题必报告

在接收到任务之后还应该主动、及时地向领导汇报工作进度,这一方面是为了使作为负责人的领导随时了解任务情况,另一方面也是使领导阶段性地对我们的工作情况进行评估,若有问题出现,可获得及时的纠正和指导。

而对于工作中出现的问题,则必须要及时向上汇报,通过向上求助以集团队之力更有利于问题的解决(图8-18)。切忌发现问题还隐而不报,由此而产生的事故责任则要由自己来承担了。

图8-18 及时汇报工作

第八章 职场沟通——群策群力，和衷共济

向领导汇报工作要注意时间节点的选择，同时要注意言简意赅、切中要点；而对于问题的报告也不应认为上报即了事，在报告的同时还应继续尝试解决。

第三节 同事沟通，敬业乐群

导 入

同事关系融洽是营造良好工作环境的重要前提条件（图8-19），反之则有可能导致自己在工作中处处受到限制。

图8-19 融洽的同事关系

小陈是某公司新入职的员工。入职第一天的一大早她就来到办公室，将办公室卫生打扫了一遍。本以为会得到同事们认可的她，却听到有同事在窃窃私语："瞎积极什么呀！"积极性大受打击的小陈在第二天没有再打扫卫生。可是她还是听到有同事低声说："你看，坚持不住了吧？"一时间，小陈竟然不知该如何做了。

由于工作积极，小陈主动承担了主管即将要布置的几项工作，而这几项工作本来是要布置给老员工小林的。由此导致小林的不满意，她开始在背后说小陈的坏话。一开始小陈想着忍一忍，可是时间一久她忍无可忍，将事情汇报给了主管。主管没有调查就将小林叫来批评了一顿。于是小陈与小林之间的嫌隙更加难以消除了，二人成了针锋相对的死对头。

思考讨论：
小陈的经历给了你怎样的同事之间相处的教训？

一、同事相处要遵循的基本原则

同事是我们在日常工作中接触最多的伙伴，与同事之间关系的好坏直接决定了我们的工作关系是否稳定、工作环境是否和谐（图8-20）。不同于与领导之间的关系，同事之间的接触会少一层级别的限制，因而相处要更简单、任意、自由。但是也要注意，缺少限制的接触也极有可能会由于一时的不小心而导致关系的恶化甚至决裂，所以在与同事的相处中也要注意原则性。

图 8-20　和谐相处

（一）尊重为先，真诚为重

尊重是建立关系的先决条件，只有你尊重别人，别人才会尊重你。所以在职场中，我们首先要学会尊重同事。对于同事做出的成绩，要给予称赞；对于同事的失误，要给予包容；对于同事的困难，要给予帮助。

真诚是建立友好关系的重要基础，真诚付出才能获得别人的真诚对待。所以在职场中，我们也要注意保持一颗真诚待人之心。对待同事讲真话、说实事、真帮忙、尽心力。

工作中如何与同事交流

（二）言谈礼貌，举止文明

工作场景是一个严肃的场景，虽然我们倡导活泼轻松的工作氛围，但是基本的工作环境仍然需要每一个人用心营造。

言谈礼貌要求我们会礼貌说话、说礼貌用语。例如，多用"您好""谢谢""麻烦""抱歉"等（图8-21）；规范地称呼他人，可用"老师""前辈"等称呼，但是要注意"哥""姐"等称呼略显随便，在使用之前要注意对方对此称呼是否介意；说话要清晰流利，让大家能听清楚、听明白。

图 8-21　礼貌用语

举止文明要求我们坐站端正、行为规范。例如，站立时腰背挺直，坐下时稳当轻盈；进门时敲门示意，出门时随手关门；递交文件时用双手，递交尖锐物品（如剪刀）时要将尖

第八章 职场沟通——群策群力，和衷共济

锐一端朝向自己。

（三）仪容端庄，着装整齐

良好的仪容仪表不仅使自己看起来更有精神，也是对他人敬重的表现，同时还是营造良好工作环境的重要内容。试想一下，如果办公室内发型夸张、衣着暴露、浓妆艳抹、奇装异服，那将会是一种什么样的场景。

仪容主要是指我们的本身样貌。虽然结合工作场景、职业特点，各种仪容要求会有不同，但总体而言干净、整洁是最基本的要求。具体而言则如，不留奇怪发型，化妆以淡妆为宜，裸露的皮肤不宜有大面积文身，不留长指甲，男士应修剪胡须等。

着装则主要指我们的衣着装饰。同样，不同的工作场景、职业特点，也会对着装有不同的要求，但总体而言以庄重、简单为宜（图8-22）。具体而言如下：有职业装要求的需规范着装，无职业装要求的宜朴素整齐；以长袖、长筒套装为首选，尽量避免衣着过短而暴露；正式场合则必须穿正装；着装配饰也以简单为宜；穿拖鞋和凉鞋为工作着装之禁忌。

图8-22 工作着装

（四）公平竞争，互相帮助

职场是一个竞争与合作并存的地方，处理好这一对关系也是一个人能在职场生存和发展的重要前提。但是这两者对人际关系的处理要求却是不同的：竞争追求其中一方超越另一方，势必要造成一方某种利益的损失；合作则追求双方联合，共同取得某种成果。所以我们在处理自己工作中的竞争与合作时就要区分时机与场合，实现竞争与合作的有机融合。

要想参与竞争，首先要具备参与竞争的实力和条件，所以我们要不断磨炼自己、提升自己，凭真功夫战胜对手；其次要公平竞争，不走后门、不搞"暗箱操作"，全凭实力说话；最后要尊重对手，理性对待输赢，不论输赢都要感谢对手在竞争中的付出。

对于在工作中遇到同事需要帮助时，我们也应该急人之所急，积极伸出援助之手（图8-23），并诚心助其解决问题渡过难关。同时，若是共同承担工作任务，则应坦诚合作，全心全意、尽心尽力，而不能偷奸耍滑甚至在背后拆台。

图 8-23 伸出援助之手

二、同事相处要避免的禁忌

除了要遵循的基本原则外,有一些容易触犯的禁忌也是我们在与同事相处的过程中要格外注意的。这些禁忌有的可能并未直接触及他人,也有的可能非常细微,但是却能从非常大的程度上败坏掉一个人的形象,摧毁与他人建立起来的关系。

(一)窥探隐私,瞎传闲话

隐私中隐藏了别人所不愿被他人知悉的事情。正所谓"己所不欲,勿施于人",我们不愿被别人侵犯隐私,那么我们也不应去窥探他人的隐私(图 8-24)。但是在职场中总会碰到一些触及他人隐私的情况,我们该如何处理呢?首先,不主动窥探是第一原则,在工作中若不经意触及了他人隐私我们应该主动回避,比如别人输密码时我们应转身或回头不看;同事言及他人隐私,我们则可以通过引入其他话题中断发言者断续原话题,亦可表示不感兴趣然后离开;对于遇到谈论他人隐私的同事,还可以在适当场合礼貌提示其这样做的不恰当之处。

在工作中如何和同事相处

图 8-24 不谈论他人隐私

瞎传闲话也是当前比较热点的社会问题——造谣传谣。在职场中产生的谣言一般会有两种,一种是关于工作的公共信息,如"要涨工资了""下周要放假"等,这类信息会造成不同程度的群体紧张,严重者甚至会造成工作秩序的混乱;另一种是关于个人的私人信息,这类信息一般还会与个人隐私有关,若不加判断地传播会使别人的名誉甚至更加严重的利益受

第八章 职场沟通——群策群力，和衷共济

损。瞎传闲话不仅会伤害别人，也会使传播者的信誉和名誉受损，是损人不利己的行为。此外，根据当前法律规定，造谣传谣还有可能触犯法律。所以不仅是在工作中还是在生活中，我们都切勿造谣传谣，不瞎传闲话。

> **案例链接**
>
> 说起财务部的小李，很多人都满脸不屑或者咬牙切齿。是什么原因让同事们这样排斥他呢？小张说："小李没什么大毛病，就是爱八卦。总爱打听别人的隐私，如果发现点儿什么，便会添油加醋地在公司传播。你说，这样的人我们会喜欢吗？"小杨说："我没办法接受小李的行为，她总爱窥探别人的隐私。在她的眼里，每个人好像都有见不得人的事情。就说上次吧，突然下雨了，我没有带伞。我老公怕我淋湿，但他又忙着赶往一个工地去验收，便让他的同事顺路给我送把伞。我拿伞的时候正好被小李看到了，她总是有意无意地向我打听那人是谁，还一脸暧昧。更可恶的是，后来我才听说，同事们私下里传我有外遇。这能不让我生气吗？"小王说："说起小李啊，最不好的习惯就是爱打听。最平常的就是打听别人的年龄、背景、感情状况等。再严重点儿，就可能捕风捉影，给你制造点儿新闻。"
>
> **思考：**
> 大家为什么会讨厌小李？如果你是他的同事，你会如何劝告他？

（二）为人张扬，讨好领导

张扬是与中国人历来十分重视的低调、谦逊的优秀品质背道而驰的。故意的为人张扬是一种骄傲自满的表现，夸耀者意图通过这种方式引起他人注意和赞美，最终却往往会事与愿违，得到的往往会是别人的厌恶与反感。不经意的张扬则是一种被动的失误，虽然本人并无夸耀之意，但却在无形之中与竞争失败者、未获成就者产生了一种比较，从而使其感情受到伤害。所以，当我们获得成就之时可以适当庆祝，切莫过于夸耀张扬。

卑颜屈膝历来是我们所瞧不起的一种形象，因为他代表了一种不自尊自强、摇尾乞怜的品性（图8-25）。虽然领导应当成为我们工作中敬佩、向往、学习的对象，但是我们的追随应当是有气节的、有骨气的。若不顾脸面地一味讨好逢迎领导，不仅极有可能会受到领导的嫌弃，而且会受到同事的厌恶，进而被排斥在同事群体之外。所以，对待领导应当有礼有节，切莫卑颜屈膝、过度讨好。

图8-25 卑颜屈膝

（三）事事问人，借物不还

对于初入职场的人来说，有不懂的问题向老员工请教是学习技能、快速解决问题的捷径，同时还能展现自己谦虚好学的品质。但是如果一遇到问题就问人，则会让人产生凡事不动脑、懒得长记性的不良印象。其实事事问人也不利于自己能力的提升，要避免这种情况就要注意积累工作当中的经验，若是遇到比较紧急的问题，也可以向网络求助，利用搜索引擎快速寻找解决方案。最重要的还是要善于学习，提前掌握各项工作技能，这样才能实现有难不求人。

向同事借用物品也是在工作中会经常碰到的情况。当然，如果好借好还，那么再借不难，但是如果借而不还，那么再借就不可能了。此外，如果借用他人物品之后不注意爱惜，造成物品损坏，那就更不应该了。这会让对方产生不通人情、粗鲁暴躁的印象。所以在工作中应尽量备齐办公用品，若是借用别人的物品则要注意爱惜保护，并按时归还。在他人借用我们物品时我们也应当尽量满足，互帮互助，同事关系才能更和谐。

（四）异性暧昧，缺乏界限

在职场中与异性交往也是极容易产生问题的（图8-26）。没有界限、缺乏距离感与异性交往极易引发流言蜚语，对私而言会破坏家庭和谐，对公而言会影响工作开展，所以职场中的异性暧昧是大忌。在工作中与异性交往时要注意保持距离，不可言语轻佻，也不可举止轻浮，尽量不单独相处，不掺和异性同事的私人生活。

图8-26　异性交往

男女同事之间交往有哪些要注意的

没有界限地与人交往极易冒犯到别人的隐私，自以为的亲密反倒会成为伤害别人、破坏相互关系的"罪魁祸首"。所以在与同事交往的过程中也应当保持适当距离，在各种事情上建立相应的界限，不打听同事私事，不未经同意私拿同事物品。此外还应注意不随便向别人倾吐自己隐私、过度暴露自己。

（五）拉帮结派，排挤异己

同事之间应当处于集体的共同领导之下，在工作场合相互之间应该只存在公事意义上的团队群体，而不能有私人关系的帮派掺入，更不能以私人帮派为中心发展党羽甚至排斥异己（图8-27）。这样不但不利于同事之间的团结，而且会降低工作团队的凝聚力、战斗力。所以工作当中无私事，团队之中无私交。这实际上也是一种公平公正、大公无私的表现。

第八章　职场沟通——群策群力，和衷共济

图 8-27　拉帮结派

第四节　客户沟通，和颜悦色

导入

　　20 世纪，北京百货大楼著名的劳动模范"一团火"张秉贵（图 8-28），是善于热情接待顾客的典型。张秉贵之所以被称为"一团火"，就是因为他对顾客十分热情，从他嘴里说出来的话，能够让人时刻感受到温暖。一位工人模样的同志来买东西，因为心烦刚喝了酒，就和一位售货员吵了起来。他带着气，又来到对面的糖果柜。这时，满面笑容的张秉贵迎了过来，主动和他打招呼。这位顾客怒气未消，一连让张秉贵称了三种糖，每种都是只要一两。张秉贵非常麻利地给他称了糖，包装好，又告诉他这三种糖果哪种好吃。这位顾客被感动了，脸上露出歉意。从那以后，他常来买糖，他说："我来看张师傅，是因为他对顾客太好了。在他那儿买东西，心里总觉得很舒坦、很高兴，回到家里也总是忘不了。"张秉贵心中装着"一团火"，他用这团火，温暖着别人，也照亮了别人。

图 8-28　张秉贵

思考讨论：
　　1. 如果是你遇到这样的顾客，你会怎么做？
　　2. 看到张秉贵的做法，你有什么感想？

一、接待客户前的准备

客户就是上帝。如果没有客户消费,单位就无法获利,也就无法继续经营。所以如何接待客户就成为经营的重要内容,如图8-29所示。

图 8-29　接待客户

中国人历来讲究"未雨绸缪""有备无患",对于如战场一般的商场而言,事先准备好如何接待客户可谓重中之重。

(一)细致了解客户情况

提前了解客户情况,就可以在后续的服务过程中对客户投其所好、有的放矢地提供精准服务。对于客户针对不是很具体的,可以了解群体需求,例如青年学生的时尚喜好、家庭主妇的精打细算、老年群体的健康考虑等,在此基础上面对具体客户时即可再具体应对。对于客户针对比较具体的,则应遵循"越详细越好"的原则,从客户学业、喜好、经历等多方面进行细致了解,如此更能提供精准的服务内容。

但是也要注意,对客户的了解仅限于与销售活动相关即可,不可涉及客户隐私或机密等内容,否则会产生将客户推走的相反效果,甚至涉嫌违法影响后续经营。

(二)仔细准备产品介绍

开展经营活动,最重要的就是将产品推销出去,而细致高效的产品介绍是最能打动客户的"硬核"手段,如图8-30所示。

图 8-30　仔细准备产品介绍

首先,我们应该对产品有细致的了解,从原材料源头到制造过程,再到包装工艺、运输手段、操作步骤、售后维修等都应该了然于胸,如此才能在客户提出问题时从容应对。

第八章 职场沟通——群策群力，和衷共济

其次，对于产品的介绍还要注意是否需要准备样品，提供说明书。对于一些比较正式的推介会等活动，还要准备产品介绍视频、课件等，这都要根据具体需要来进行准备。

（三）全面计划接待事宜

对于来访客户的接待也是十分重要的。尤其是对于有计划、有预约专门来访的重要客户，要提前对接接待事宜，确定是否需要票务预订、车辆接送、食宿安排及整个接待过程中的行程和活动安排等；对于随机来访的散客，则应提前计划是否安排门口迎接、重点介绍的产品等。

你第一次去机场接人需知道的流程

对于接待事宜，细致周到是最主要的要求，因为一旦有所疏漏就极有可能导致产品推介的失败。

二、接待客户时的注意

客户来临即是进入实战阶段，要以最好的形象、最全的服务、最优的推介来完成整个商务接待活动，以实现具体经营活动的圆满成功。

（一）仪容仪表

仪容仪表既可以展示良好的企业形象，也表明了我们对当下经营活动的重视。因此最基本的要求就是衣着干净整洁，仪容端庄精神，如图8-31所示。

图8-31 仪容仪表禁忌

在比较正式的客户接待场合，应当着正装，有统一工装要求者当着工装，佩戴工牌。无统一工装要求者则应尽量穿着正式。有品牌展示要求者则应将品牌Logo、标志等展示出来，不得随意遮挡污损。女性员工妆容以淡雅为宜，不宜浓妆艳抹。

（二）言语举止

与客户交往首先要有热情，表现出我们对客户的欢迎与重视。当然热情要适度，热情不够会显得爱答不理、不够重视，过度热情则会显得态度谄媚，一方面可能会使对方误以为我方有求于他而丧失我方谈判优势，另一方面又有可能会使对方产生"他们是不是有什么阴谋"的错觉。

干货：客户说"暂时不需要"，四大情景话术及策略！

与客户交谈语言要严肃专业，这也可以在无形中增加对方对我方产品的可信度。与客户交谈要注意有问有答，不可避而不谈，不可含糊其词，也不可无缘无故打断对方，要在认真听取对方发言的基础之上仔细思考，以获取有效信息；交谈内容要专业，但是语调可以轻松舒缓，也可以适当开玩笑以活跃气氛，但不可玩笑过度。

与客户交流举止要温文尔雅，这可以拉近客户与我们的距离，促使其更愿意与我们交流。与客户交流时站坐姿势应端正，手势动作不宜过大，面部表情也不宜夸张。与客户同行可站在其身侧稍后的位置，尤其是在与异性客户交流时，要保持适当距离，不可言语轻佻，除了必要的商务礼节（如握手）外尽量避免肢体接触（图8-32）。

图8-32 握手

案例链接

小汪是一位非常优秀的电脑推销员。有一天，一位顾客来到他的电脑直销店挑选电脑。那位顾客看了店里所有的电脑之后，也没有看中任何一款，正准备离开，这时小汪走过去热情地对他说："先生，我可以帮助你挑选到你最满意的电脑，我是这里的推销员，我很熟悉附近的电脑直销店，我愿意陪你一起去挑选，而且还可以帮你砍价。"这位顾客同意了小汪的请求，小汪带着他来到了别的电脑直销店。那位顾客看了所有的电脑，还是没有挑选到他自己最满意的电脑，最后，那位顾客对小汪说："我还是决定买你的电脑。老实说，我决定买你的电脑并不是你的电脑比其他店里的要好，而是你对顾客负责的精神感动了我。在别的店铺，我还没有享受过这种宾至如归的服务。"结果，那位顾客从小汪那里买了好几台电脑，而且那位顾客还在他的朋友圈为小汪免费做广告，介绍了很多客户到小汪的电脑直销店来买电脑。

思考：
你从小汪帮助顾客买电脑的案例中学到了什么？

（三）业务服务

业务服务内容主要涉及具体的产品介绍和商务谈判的相关内容。此时应保持严肃严谨的态度，对于所交谈的内容应格外注意，既要保证我方发言没有错误，又要保证对对方的信息获取没有纰漏。对于需要产品展示或操作演示的还要注意安全问题，避免安全事故的发生。在文件处理的过程中还要注意格式、内容等的规范要求，及时获得双方的确认反馈等。

三、接待客户后的关注

现场的接待客户活动完毕之后并不意味着商业活动的全部完毕。对于比较注重长久合作、持续合作的商界而言，能够留住客户、保持合作也是十分重要的。所以在完成现场接待客户之后，还应该持续密切关注客户的后续动态，为后续合作打好基础。

如何加强老客户后期维护

第八章 职场沟通——群策群力，和衷共济

（一）保持联系

要保持与前期合作客户的联系，一方面通过联系获取前期合作情况的反馈，对于做得好的地方继续保持，对于做得不到位的地方则改进完善，以此作为提升我方服务质量、改善经营的补充；另一方面通过联系保持感情，获取客户新需求，推介我方新产品，推动双方新合作。

（二）售后服务

售后服务指的是在商务活动结束之后我方对提供的服务、产品进行后续跟进，并解决跟进过程中发现的问题，弥补前期服务过程中的漏洞的行为。其目的也是使客户获得更全面持久的服务，是整个商业活动中不可缺少的环节，如图8-33所示。

图8-33 售后服务

售后服务也是正式的服务，所以依然要严肃认真对待，热情接待，周到服务客户，属于售后服务范围内的工作要做到位，对于客户提出的合理化建议要采纳。此外还可以提供多种联系方式，便于维持客户关系，推进长久合作。

小 结

良好的人际关系是成功的基石和"润滑油"，职场生存与发展需要这样的基石和"润滑油"。因此，我们必须用心去建设良好的职场人际关系。

建立良好的职场人际关系首先要具备尊重之心。要尊重他人，只有尊重他人才能获得他人的尊重，才能实现人际交往，也才能使自己学到他人长处进而发展自己；要尊重岗位，只有尊重岗位，你才愿意为之奋斗付出，不断学习以满足岗位要求。

建立良好的职场人际关系还需要营造良好的职场形象，这既包括干净整洁、职业干练的外在形象，也包括温文尔雅、礼貌文明的举止言谈，还包括专业扎实、技术娴熟的职业功底。要多方学习、乐于学习、不断学习，如此才能全面发展，提升自己的职场形象。

虽然建立关系意味着拉近关系，但是我们要牢记"距离产生美"，保持适当的社交距离反而会更加增进双方关系。所以在面对他人隐私，与异性交往时要格外注意"距离"问题。

只有各方沟通顺畅，才能实现团队群策群力，只有内部关系和谐，才能保证组织和衷共济。

自我拓展练习

1. 简答：如何正确处理与同事的关系？
2. 为自己设计一下未来的职业形象。
3. 实践活动：班内分为两组，分别是招聘组与应聘组，组织一场模拟招聘活动。

第九章
社会交往
——相与有成，芝兰之交

导读：

马克思认为，人的本质是一切社会关系的总和。人在社会中扮演着各种各样的社会角色，可以说人的一生就是社会交往的一生。社会交往，简称"社交"，是指个人与个人、个人与团体、团体与团体之间为了满足某种需要而相互作用、相互影响的活动与过程。在公众场所，社会交往尤为重要（图9-1）。社会交往有助于个体成长，亦是文化交流、传播的手段，更是社会发展的助推剂。因而，掌握必要的社会交往技巧对于学生的成长和成才有着重要意义。本章结合职业院校学生的实际情况，主要讲述日常生活中的社交技巧，以期帮助学生提升日常社交技巧。

图 9-1 公众场所，稍安勿"噪"

📖 学习目标

知识与技能目标：掌握日常生活中的社交技巧，学会交友，了解不同国家的风俗习惯。

过程与方法目标：通过分析案例、教师讲授、小组研讨等形式，掌握日常生活中的社交技能，提高自主分析问题、解决问题的能力。

素质目标：学会正确分析和看待社会交往，促进学生构建和谐社交关系的能力，提升职业素养。

✍ 学习重点

公共场所中的社交礼仪、交友技巧。

人际关系与沟通

📌 学习难点

掌握不同国家的传统风俗习惯，如何将理论知识转化为实践并在日常生活中践行。

第一节 日常生活，面面俱到

导 入

在机场售票大厅里，很多旅客正在排队买票，秩序井然。突然，一个手拎高级皮箱、衣着笔挺的男士从购票队伍的后排冲到售票窗口前，粗暴地拍打着玻璃窗，高声喊起来，指责正在忙碌的售票员工作效率太低，耽误了他宝贵的时间。售票员没有计较他的态度，和蔼地请他排好队，依次买票。

这位男士不仅不听劝告，反而更加恼火，大声嚷道："你一个小小的售票员有什么了不起的，知道我是谁吗（图9-2）？"边说边用手指指着售票员的脸，一副不可一世、狂妄自大的态度。

售票员平静地转过身，向身边的其他工作人员说："你们有谁能帮助一下这位先生，恐怕他有些健忘，已经不记得自己是谁了。"他又对外面正在排队的众旅客问道："各位知道这位先生是谁吗？他已经忘记自己是谁了。"

人们听了售票员的话，都哄笑起来。这位男士在众人的笑声中窘得涨红了脸，只得悻悻地走到队伍后面继续排队。

图9-2 猜猜我是谁

在公共场所人人都要遵守秩序，讲究公德，违反公共秩序的人理应受到指责。售票员巧借这位男士的话批评了他，比起直接的争吵效果要好得多。

思考讨论：
1. 你知道在公共场所，都应当注重哪些礼仪吗？
2. 假如你在工作中遇到了无礼的顾客，你会怎样解决？

一、购物社交

购物已成为人们日常生活中不可缺少的环节。讲文明、懂礼貌的顾客到商店购物，会获得购物的满足以及精神上的愉悦。

进入购物场所后要讲究文明礼貌，不要用"喂""哎"等字眼把售货员呼来喝去，更不要表现出趾高气扬的姿态，也不要把从别处带来的坏情绪发泄在售货员身上，杜绝恶语相向等失礼表现。对于导购员的优质服务要及时致谢。

禁止在商场喧哗、追逐打闹，自觉维护公共卫生，爱护公共设施。不可吸烟、随地吐痰、乱扔果皮纸屑等。结账时，如遇顾客较多的情况，则应自觉依序排队（图9-3）。在商场购物时要爱护商品，如果对自己挑选的商品不中意，则应物归原处，不要随意乱放。对于易碎商品要轻拿轻放，谨防破裂。对尚未付款的商品不要随意拆开包装。

图9-3　购物依次排队结账

二、文体社交

电影院、博物馆、公园、体育馆等场所是供民众休闲娱乐的公共活动空间。在公共场所不仅要发扬尊老爱幼的优良传统，还要自觉遵守社会公德，讲究公共场所礼仪，共同维护公共生活秩序。

在观看电影时应着装整洁得体，不穿背心、拖鞋，严禁在场内吸烟（图9-4）。去观看电影时，应准时入场，在入口处主动出示票证。入场后对号入座，若因故迟到，其他观众已坐好，自己的座位又在里面，则应有礼貌地请别人给自己让道并致谢。在观影时，不要摇头晃脑、交头接耳，以免妨碍后面观众的视线，也不要大声喧哗，以免影响周围观众。

图9-4　文明观影

在参观博物馆前，要了解展览时间及所需证件，提前预约；参观时一定要保持安静，不要大声喧哗；爱护展品，文明观展，不随意触摸展品；未经允许不使用闪光灯拍摄展品；听讲解员讲解时要专心，不要出言不逊，妄加评论。

在公园游玩时，要提前了解公园的开放时间，自觉遵守公园的各项规章制度，爱护公园的花草树木和娱乐设施，在公园内不乱扔果皮纸屑，不随地吐痰，也不要大声喧哗（图9-5），不使用外放的音乐设备影响他人游园。对公园内的文物古迹应倍加爱惜，不应乱写、乱刻、乱画。在参加公园内的娱乐活动时，应自觉排队，讲究先来后到，服从工作人员管理，不要一拥而上。

图 9-5　公共场所禁止喧哗

在体育馆内观看体育比赛时，应尽量克制在感情上一边倒的倾向，要为双方队员鼓掌加油，为每位运动员的精彩表现欢呼。要尊重运动员、裁判员、服务人员的劳动，不要嘲讽或辱骂裁判员、运动员。

三、交通社交

公交车、出租车、私家车、火车、地铁、飞机、轮船等是市民出行常用的公共交通工具。每一位乘客都应当讲究乘坐公共交通工具时的礼仪，学会合理沟通，共同营造舒适、祥和的氛围。

在乘坐公交车时，乘客应自觉排队。在询问司机交通路线时要有礼貌地进行交谈，切忌大声喧哗，避免影响司机专心驾驶，对公交车司机耐心、热心的解答要真诚道谢。若在公交车内偶遇熟人则要有礼貌地打招呼，同伴间的交谈不宜大声，以免影响他人。

在乘坐出租车时，若无特殊情况，乘客宜坐在后排。上车后可以与司机进行简单的寒暄。乘客可与司机就天气、城市概况、时事进行简单交谈。如果出租车司机师傅开车很稳，则不要吝啬你的赞美。如果车内卫生整洁，也可以给予司机师傅肯定。此外，乘客要尊重出租车司机，一般情况下不要催促出租车司机加速。当乘客下车时，应向提供优质服务的司机道谢。

轿车上的座位有尊卑之分。一般来说，车上最尊贵的座位是后排右座，其余座位的尊卑次序依次是：后排左座、后排中座、前排右座。如果是专业司机开车，则贵宾坐在后排右座；如果是轿车主人开车，贵宾也可以坐在前排右座（即副驾驶座），以便交谈（图9-6）。主人要对客人的到来表示欢迎，及时询问客人的行程安排，并推荐主人所在城市较好的自然及人文景观等，在双方的交谈过程中要注意倾听，营造共同话题与和谐的交谈氛围，切忌个人滔滔不绝。

乘坐火车的旅客，应提前到火车站候车，根据车站工作人员要求有序排队检票上车。进入车厢后应对号入座，不要随意占据他人的位置，根据列车员要求将携带的大件物品或者行李放在指定位置，以免影响他人。旅客之间的交谈应把握好尺度，不要随便打听涉及他人隐私的问题，车内禁止吸烟，大声喧哗等。

第九章 社会交往——相与有成，芝兰之交

图 9-6 乘车座次安排表

乘车座次安排

案例链接

64 岁的岳××在 G345 次列车上霸占了靠窗的座位，他拒绝为原座主挪位，此时原座主出示车票并希望岳某某能够让座，但其不予理睬、拒不让座。乘务工作人员进行劝导（图 9-7），岳××却固执己见称："没法让，我一直坐在这儿的。"最终，因为扰乱公共秩序，警方对其作出了行政拘留 5 日的处罚。

图 9-7 "如此占座"

思考：
当我们遇到岳××这样的恶劣行为时，应该如何应对？

在乘坐地铁时，应配合安检，不带违禁物上地铁。在候车时要按照"按线候车"的规则，切勿越过黄色安全线。在乘坐地铁时交谈应尽量轻声细语，不要高声喧哗。在使用手机通话时，避免大喊大叫。

在乘坐飞机时一定要提前到达机场，提前将超大行李或特殊物品办理托运。按时登机，对号入座，进入机舱后保持安静；尽快放好随身行李，保持通道畅通；登机后主动关闭手机等无线电设备；不乱动飞机上的安全用品及设施；需要乘务员服务时，应按呼唤铃，不宜大声喊叫，接受乘务员服务应致谢；保持舱内整洁卫生，因晕机呕吐时，应使用机上专用呕吐袋；在飞机未停稳时不抢先打开行李舱取行李，以免行李摔落伤人。在为乘机人送行时，可说"一路平安"等祝语，不宜说"一路顺风"（飞机需逆风起飞）。在飞行期间，不要对飞机的性能说三道四，尤其是不要谈论有关劫机、撞机、坠机等敏感问题。

197

在乘坐轮船时，要有秩序地排队上船，对号入座，若要出入舱口或在甲板上散步时，应礼让老人和孩童，见到其他乘客或船员，应该友好和善地对待，千万不要盛气凌人。在与其他乘客交谈时，对于海难、劫船、台风、翻船等一类耸人听闻的话题应当回避。

四、日常生活社交的技巧及注意事项

（一）经常性地使用礼貌用语

《礼记》中记载："敬而不中礼谓之野，恭而不中礼谓之给，勇而不中礼谓之逆。"《孟子》中谈道："敬人者人恒敬之。"观察一个人的言谈举止便能知晓对方的品行，一个懂礼貌的人一定比蛮横无理的人更让人亲近。在日常社交中，一个人如果十分冷漠，别人是很难亲近的。一句简单的"你好"就能打破僵局，对他人的举手之劳道一句"谢谢"亦会让别人感到亲切。经常性地使用礼貌用语能更好地打开人与人之间的连接。学会使用礼貌用语十个字："您好，请，对不起，谢谢，再见"。

（二）注意保持适当距离

人与人之间的距离反映的是人与人之间的关系，关系不同，其间的距离也是不一样的。以下简单介绍几种距离。

文明礼貌用语，你还记得哪些？

（1）亲密距离。又叫私人距离，小于0.5米，这是家人、夫妻、恋人之间的距离。

（2）交际距离。又叫常规距离，在0.5~1.5米，彼此间不会构成妨碍。

（3）礼仪距离。又叫尊重距离，在1.5~3.5米，是有意对长辈、上级保持的距离。

（4）公共距离。又叫有距离的距离，至少在3米以上，适用于在公共场合和陌生人相处，不至于引起对方的怀疑。

案例链接

商场中的服务人员在对待顾客方面时常有这样两种表现（图9-8）：一种是非常热情，客人一进来，就立马跑上去说："欢迎光临！"然后就开始介绍东西；另一种是极其冷淡，客人进来了，既不看，也不理。

图9-8 截然相反的服务态度

思考：
如果你经历过这两种情形，你当时心里是什么滋味？

（三）注重眼神礼仪

在进行社交时，眼神要做到目中有人，在与他人进行沟通时，要养成友善地注视对方的习惯，眼神不可游离。下面简单介绍几种凝视类型（图9-9）。

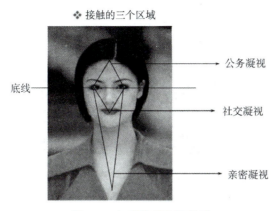

图 9-9　三种常见凝视类型

1. 公务凝视

公务凝视：即人们在工作交往中，联系业务、洽谈生意时所采取的凝视礼节。公务凝视区域是以对方双眼为底线，额头为顶角这样的一个区域，给人一种公事公办的感觉。

2. 社交凝视

社交凝视：是在茶话会、宴会以及朋友聚会的凝视方式。凝视区域是以双方双眼为底线，唇心为顶角的一个倒三角区域。

3. 亲密凝视

亲密凝视：是亲密朋友、恋人之间的目光。凝视区域在两眼至胸部之间。

在社交中，要注意不斜视他人，不眯眼看人，不长久盯视对方。如果注视对方的时间占交谈时间的30%~65%，则会给人礼貌、有教养的感觉；如果注视对方的时间少于交谈时间的30%，则说明对这个话题不感兴趣或正在思考某事。如果注视对方的时间多于65%，则说明对对方的兴趣远远大于话题本身的兴趣。谈话时闭眼是消极的信号，表明想终止谈话。

第二节　邻里之间，和睦相处

> **导　入**
>
> 在清朝康熙年间，张英担任文华殿大学士兼礼部尚书。他老家安徽桐城的官邸与吴家为邻，两家院落之间有一条巷子，供双方出入使用。后来吴家要建新房，想占这条路，张家人不同意。双方争执不下，将官司打到当地县衙。县官考虑到两家人都是名门望族，不敢轻易了断。

这时，张家人一气之下写了封加急信送给张英，要求他出面解决。张英看了信后，认为应该谦让邻里，他在给家里的回信中写了四句话："千里来书只为墙，让他三尺又何妨？万里长城今犹在，不见当年秦始皇。"

家人阅罢，明白其中含义，主动让出三尺空地。吴家见状，深受感动，也主动让出三尺房基地，"六尺巷"由此得名（图9-10）。

图9-10 六尺巷的故事

思考讨论：
你如何看待张英的做法，邻里之间该如何相处呢？

一、邻里关系概述

俗话说："远亲不如近邻。"和谐的邻里关系，既能增进彼此的感情，也能为生活带来诸多欢乐（图9-11）。邻里之间互敬互助，彼此都会从中收获温暖。因此，要与邻里和睦相处，形成一种互敬、互信、互助、互让、互谅的新型邻里关系。

图9-11 和谐的邻里关系

（一）邻里关系定义

所谓邻里关系，就是指家庭与家庭之间、各个家庭成员之间的关系。邻里关系作为社会关系的一部分，是每个人都离不开的社交环节。

（二）当代邻里关系六大特征

现代式邻里关系，除了受到血缘关系、业缘关系等传统因素的影响，还被身份地位、学识素养、性格职业等条件制约，形形色色的邻居居住在同一环境下，形成了或和睦融洽，或淡薄疏离的邻里关系（图9-12）。邻里关系在发展过程中带有了自己独有的特性，接下来展开说说具体表现为哪几点。

图 9-12　多样化的邻里关系

1. 日常性

"低头不见抬头见"，这句揭示了邻里之间接触次数的频繁程度，住在同一个小区，甚至在同一楼层，邻居间的相处机会、相处时间要远超平常人。同时，邻里社交更是人际交往中的重要组成部分，它渗透到居民生活的方方面面。出门购物会碰到邻居，到菜鸟驿站取快递会碰到邻居，散步遛狗的时候也能碰到邻居，日常地点、日常行为，均证明了邻里关系的日常性。

2. 琐碎性

邻里相处往往面对的都是一些鸡毛蒜皮的琐事，可能是家长里短，也许是娱乐互动，诸如谁和谁最近发生了小争吵，两人见面都不打招呼了；住在对门的孩子考了一个好大学，家里可高兴了，专门给邻居们送了小礼物；昨天下午打牌老张又赢了老李几十元……总之，大家平时面临的、谈到最多的就是生活日常以及柴米油盐中的琐碎小事，处处透露着浓浓的生活韵味和淳朴的烟火气息。

3. 相关性

邻里生活在一个共同的环境之中，关起门是一个小家，打开门就是一个大家，其中必然存在着很多共同利益，例如清洁、污染、噪声、治安等问题，若处理不当，则每个家庭都会感到不便，一旦遇到麻烦，大家就都无法维持正常的生活节奏。如果每个人都以集体利益为先，爱护社区环境，守护社区安全，团结社区邻里，大家互帮互助、和睦相处，小区生活自然和谐顺意。生活在同一社区中，每家每户的一举一动、一言一行都是息息相关、相互影响的。

4. 差异性

"人过一百，五颜六色"，此话不光说明人的个性特点不同，也说明了人的个体素质不同，在同一地居住的人，往往会因为职业、身份、性格、经历、年龄等现实因素的影响在待人处事上表现出极大的差异性。树上没有两片相同的树叶，同样地，即使是居住在同一个小区，大家也不可能完全相似，老人们在作息上坚持早睡早起，年轻人习惯熬夜，作息颠倒；文化素质较高的人对人对事礼貌理性，受教育程度相对较低的人可能会比较淳朴、不拘小节……也正是因为人与人之间具有差异性，所以我们才能拥有形形色色的邻居，这才构成了独一无二的小区人文环境。

5. 干扰性

邻里关系容易受到外界因素的干扰及影响。或是祖辈遗留矛盾，或是他人挑唆离间，或是为邻的一方"疑人偷斧"，或是自己的亲属"谎报军情"等，这些因素都会影响原有的邻里关系。很多时候，人们因为疲于社交和对陌生人的不信任心理，总是习惯断章取义，在不了解或者听到只言片语就对他人下定论，外界的干扰性致使邻里间存在先天性隔阂以及固有印象，给邻里交往制造障碍。

6. 波及性

邻里关系的好坏，也会直接或间接地影响到家庭关系、子女教育、社会治安以及基层组织建设等。若一个地方邻里关系冷淡，邻居间就必然形同陌路、互相忽视、人情淡薄；若一个地方的邻里关系紧张，就势必矛盾迭起、鸡犬不宁、人心不安；如果邻里关系和睦，则大家心情舒畅、团结友爱、互帮互助，小区自然是一片祥和。邻里友好，大家才能在社区治理上同心协力，社区治安就会稳定，居民也会增强归属感、幸福感与安全感。

二、处理邻里关系的原则

（一）设身处地，礼让为先

日常生活中邻居见面要互相打招呼，可点头示意或者简单寒暄几句，这样不仅能消除陌生感，而且会在无形中拉近距离（图9-13）。一定不要旁若无人、径直离开。要有同理心，学会站在别人的角度思考问题。

图9-13 嘘寒问暖

遇到奇葩邻居，如何处理邻里关系

早出晚归进居室要保持安静，不大声喧哗；在使用影像设备时要掌握适当的音量；教育好孩子，不要不分场合随意吵闹等。

（二）尊重他人，杜绝猜忌

邻里之间的尊重与信任是十分重要的，若遇到鸡毛蒜皮的生活琐事，不要相互猜疑、钩心斗角（图9-14）。邻里之间没有地位高低，你尊重对方才会获得对方的尊重。

图9-14 邻里间的"战斗"

案例链接

一个人丢失了自己的斧头，在没有任何证据的情况下，他怀疑是被邻居的儿子偷走的。他从这个假想目标出发，开始观察邻居儿子的言谈举止、神色仪态，竟然觉得完全就是小偷的样子。其思索的结果进一步坚定了他原先的假想，他在心里已经给那个孩子贴上了小偷的标签，而且有意无意地向其他人透露这一信息。

几个月后，这个人在自家屋檐上找到了丢失的斧头，才猛然想起是自己遗落在上面的，这时他万分悔恨自己当初的假怨。再看邻居的儿子，竟然一点也不像小偷的样子。然而，邻居家得知他在背后猜疑自己的孩子是小偷后，已经与他产生了隔膜。

思考：
面对此情此景，你会如何处理这件事情呢？

（三）富有热心，乐于助人

帮助邻居推开单元门，或者上电梯的时候等一下邻居，帮助邻居拎一下重物，顺路接送邻居家的孩子上下学（图9-15），这样一个微小的动作对你并没有什么损失，但是却能帮你在邻居中树立一个良好的形象。"各人自扫门前雪，莫管他人瓦上霜"的思想一定要彻底根除。邻里之间要相互关照，当邻居家遇有婚丧嫁娶时，要尽可能予以帮助，对邻居的老人与小孩要给以尊重和照顾，特别是孤寡老人，当他们遇到困难时，一定热心地予以帮助。"予人玫瑰，手有余香"，在帮助邻居的同时我们也能收获快乐。

（四）宽容忍让，以德服人

当邻里之间出现矛盾的时候，要多找找自身存在的问题，尽量将大事化小，小事化了。学会高姿态与人相处，要宽容别人，克制自己，做到"退一步海阔天空"，"以团结互助为荣，以损人利己为耻"。只有试着忍让，宽容待人，才能化干戈为玉帛。如果谁都

不肯让步，以后每次见面心里都较着劲，那么于人于己都十分不利（图9-16）。当孩子之间发生冲突时，家长应多做自我批评，宽容谦让，既为孩子树立了榜样，也可以避免邻里间伤了和气。

图9-15　一起去上学

图9-16　邻里间宽容以待

第三节　社会交友，左右逢源

导　入

齐国的名相晏婴其貌不扬，而他的车夫却相貌堂堂。车夫觉得自己坐在晏婴前面无比风光。一天，车夫回到家，发现妻子哭哭啼啼在收拾东西准备回娘家。车夫的妻子对车夫说："我打算离开你。因为和你在一起我感到耻辱。"车夫很惊讶："你不觉得我风光吗？"妻子说："晏婴那样一个治世之才坐在你后面毫不张扬，你一个车夫却觉得风光无限，将趾高气扬全写在脸上，这是我的耻辱。你跟晏婴这样的人整天在一起还不能以他为榜样，这使我对你感到失望。"事情传出后，晏婴对车夫说："就冲你有这么一位妻子，我就应该给你一个更好的职位。"于是提拔了这个车夫，如图9-17所示。

图9-17　"车夫去骄"的故事

思考讨论：

通过这个故事，你读出了交朋友的作用是什么吗？

一、朋友的分类

"千里难寻是朋友,朋友多了路好走",交友是我们一生的必修课。古老传说中有各种非常动人的关于友谊的传说。其中,清朝名医傅青主跋山涉水五天五夜赶去为朋友杨思坚治病;东汉时范式不远千里赶到朋友张劭家赴约;战国时期赵国的蔺相如对朋友廉颇宽容大度,使廉颇大为感动,负荆请罪,演就一场流芳百世的"将相和"。马克思和恩格斯合作四十多年,他们关系超过了古人关于友谊的一切最动人的传说,如图9-18所示。

图9-18 革命导师间的伟大友谊

孔子箴言故事,益者三友

孔子认为交友要遵循"益者三友"的原则,即"友直,友谅,友多闻"。"友直"即为人正直、坦荡、磊落;"友谅"即要宽容;"友多闻"即让朋友的间接经验转化为自己的经验,起到借鉴的作用。当今社会我们应该交怎样的朋友,如何与朋友长久相处呢?

(一)益友

益友出自《晏子春秋·杂篇》,意为对自己的思想、工作、学习有帮助的朋友。

(二)损友

损友指对自己有害的朋友,以及对自己的品行产生不良影响的朋友。《论语·季氏》中指出损者三友:"友便辟,友善柔,友便佞,损矣。"

(三)诤友

诤友出自《白虎通·谏诤》"大夫有诤臣三人,虽无道,不失其家。士有诤友,则身不离於令名。"诤友是指能够直率坦言的朋友,即勇于当面指出朋友缺点错误,敢于为"头脑发热"的朋友"泼冷水"的人。

在中国历史上,魏征以敢于向皇帝直言进谏著称。不管什么时候,只要唐太宗有不对的地方,他就会据理力争,进行劝说。他前后共劝谏唐太宗200余次,为初唐社会经济繁荣局面的出现,做出了重要贡献。唐太宗对魏征是既赏识又敬畏的,魏征病逝后,唐太宗悲伤地说:"一个人用铜作镜子,可以照见衣帽是不是穿戴得端正;用历史作镜子,可以知道国家兴亡的原因;用人作镜子,可以发现自己做得对与不对。现在魏征死了,我失去了最珍贵的一面镜子。"可见,诤友对于人生发展的重要性。

> **拓展**
>
> 朋友间的交情：看一看，你和身边的朋友属于哪一种？
> 贫贱之交：贫困、地位低下时结交的朋友。
> 金兰之交：十分亲密的朋友或结拜兄弟姐妹。
> 忘年之交：辈分不同、年龄相差较大的朋友。
> 刎颈之交：同生死共患难的朋友。
> 忘形之交：彼此以心相许、不拘形迹的朋友。
> 竹马之交：从小一块长大的异性朋友。
> 布衣之交：以平民身份相交往的朋友。
> 患难之交：在遇到磨难时结成的朋友。
> 莫逆之交：志同道合、友谊深厚的朋友。
> 点头之交：交往中仅点头打招呼、感情不深的朋友。
> 泛泛之交：平淡而浮泛交往的朋友。
> 八拜之交：旧时结拜的兄弟、姊妹。
> 君子之交：贤者之间的交情，平淡如水，不尚虚华。
> 一人之交：亲密得像一个人，形容交情深的朋友。
> 管鲍之交：像管仲和鲍叔牙那样交情深厚的朋友。
> 纪群之交：比喻累世交情的朋友。
> 总角之交：童年时期就结交的朋友。

二、社会交友技巧

（一）用心交友，以诚待人

感情是需要真挚付出的。如果你对别人用心，别人也会以同样的方式回应。如果你忘恩负义，别人也会收回对你的信任。人们因为志趣相投、彼此欣赏而缔结友谊，因而，要用心呵护这份真挚的情感。朋友之间相知相交，要以诚相待、相互尊重、相互信任、相互帮助（图9-19）。在人际交往时要讲真话、做实事，要做到言为心声、言行一致、表里如一。

图9-19　用心交友，友谊长存

在交朋友时，需要先看人的品质和性格，然后再决定其是否值得信任和进一步交往。我们要努力了解对方的兴趣爱好，倾听对方的烦恼与困难，分享对方的成功与喜悦，只有在这个过程中，我们才能建立起真正的信任和感情。

（二）保持沟通，增进情感

人们因为相互接触而成为朋友，自然也会因为长期分隔而疏远。好朋友之间不要因时间的流逝而失去联络，要主动与对方联络，经常性地用微信、电话等方式来互相问候，以示关心。应尽可能地寻觅时机和他们一同分享生命中的喜悦。积极主动地联络对方，实际上就是在告诉他，你十分珍惜你们之间的友谊。

（三）交友有度，相互宽容

朋友之间相处也不能太过密切，也要保持一定的距离，彼此都要有自己的空间。通过距离产生一种缺失感，才会使你更加珍惜友谊。从另一方面来说，每个人的朋友不止一个，你不可能把所有的时间和精力都集中在某一个朋友身上。保持适当的距离给彼此一点空间更有助于朋友间关系的维护。

刺猬效应-距离产生美

由于每个人的生活环境、社会阅历不同，因而，即使再亲密无间的朋友也不可能在思想观点、兴趣爱好上完全一致。当我们与朋友交往时，应该尊重他们的个性和选择，并且试图理解他们的想法和感受。在发生矛盾时，对于非原则性的问题不要斤斤计较，学会宽容他人，学会站在别人的角度看待问题，懂得谦让、求同存异，只有这样，友谊之花才会开得更加绚丽。

第四节　文化交流，积厚流广

导入

20世纪60年代，周总理有一次在中南海招待外宾，客人对中国菜肴的色香味大为赞赏。这时上来一道汤菜，汤里的冬笋、蘑菇等雕成各种图案，像是一件件美妙的工艺品，然而，冬笋是按民族图案字形刻成的，在汤里一翻，恰巧成了法西斯的标志。外宾见此，脸色都变了，当即向周总理请教。周总理先是一怔，旋即淡定自若地对翻译说："这不是法西斯的标志，这是我国传统的一种民族图案，象征着'福寿绵长'，是对客人的良好祝愿！"接着他又风趣地说："就算是法西斯标志也没有关系嘛！我们一起消灭法西斯，把它吃掉！"这样一个意外的外交尴尬局面，经周总理反意正解，得到了巧妙化解。

思考讨论：
了解中外传统习俗的必要性是什么？你了解哪些中外传统习俗？

一、文化概述

(一) 文化的含义

文化从本质上来说是相对于经济、政治而言的人类全部精神活动及其产品。从范围来看,既包括世界观、人生观、价值观等具有意识形态性质的部分,又包括自然科学和技术、语言和文字等非意识形态的部分。

我们可以从以下几个方面对文化的含义进行深度理解。首先,文化是精神的而不是经济的和政治的,纯政治的东西不是文化,如政党、选举等。纯经济的东西不是文化,如分配、交换等。其次,文化是人类社会特有的而不是自然所具有的。人才是文化活动的主体,没有人就没有文化。纯粹"自然"的东西和纯粹动物的行为都不属于文化,比如原始森林、地震现象等。再次,文化既指精神活动也指精神产品。文化具有意识形态文化和非意识形态文化之分。意识形态文化具有鲜明的阶级性;非意识形态的文化一般没有阶级性,但有民族性和区域性。

(二) 文化对人影响的特点

1. 潜移默化

文化对人的影响具有潜移默化的特点,即文化影响是通过潜移默化的方式发生的。强调文化对人的影响是无形的和非强制性的,是从文化对人影响的方式来说的。比如:"近朱者赤,近墨者黑""随风潜入夜,润物细无声"等。

2. 深远持久

文化对人的影响无论是表现在交往方式、思维方式上,还是表现在生活方式上,都是深远持久的。世界观、人生观、价值观是人们文化素养的核心标志,一经形成,就具有确定的方向性,对人的综合素质和终身发展会产生深远持久的影响。强调文化对人的影响的持续性和稳定性,是从文化对人影响的时间来说的。比如:"少小离家老大回,乡音无改鬓毛衰",如图 9-20 所示。

图 9-20 《回乡偶书》

二、文化交流

案例链接

古丝绸之路不仅是一条通商易货之道，还是一条知识交流之路。沿着古丝绸之路，中国将丝绸、瓷器、漆器、铁器传到西方，也为中国带来了胡椒、亚麻、香料、葡萄、石榴。沿着古丝绸之路，阿拉伯的天文、历法、医药传入中国，中国的四大发明、养蚕技术也由此传向世界。更为重要的是，商品和知识交流带来了观念创新。

汉代，张骞出使西域，打通东方通往西方的道路。唐宋元时期，陆上和海上丝绸之路同步发展，中国、意大利、摩洛哥的旅行家杜环、马可·波罗、伊本·白图泰都在陆上和海上丝绸之路留下了浓墨重彩的一笔。

明代，著名航海家郑和七次远洋航海，留下千古佳话。这些开拓事业之所以名垂青史，是因为使用的不是战马和长矛，而是驼队和善意，依靠的不是坚船利炮，而是宝船和友谊。一代一代"丝路人"架起了东西方合作的纽带、和平的桥梁。

思考：

为什么古丝绸之路不仅是一条通商易货之道，还是一条知识交流之路、文化交流之路？

丝绸之路的起源

文化交流能够推动文化发展，文化因交流而多姿多彩。不同民族的人在表达自己的交往感情上有不同的方式。如何与来自另一种文化的人进行交流也是需要我们掌握的，以下简单介绍几种技巧。

俗话说："十里不同风，百里不同俗"。不同地区都有自己的风俗习惯，世界各国习俗更是各异。在跨文化交往中只能入乡随俗，因地而异。要了解当地的文化传统、生活习惯，通晓不同文化的交际礼俗，尊重不同国家的社交礼仪、风俗习惯。

（一）中国传统节日

中国的传统节日有：春节、元宵节、清明节、端午节、七夕节、中秋节、重阳节。

普天同庆新春至——春节。俗称"新年"，是我国民间最古老、最隆重的一个传统节日（图9-21）。从腊月二十三的小年——祭灶开始，到正月十五——元宵节结束。主要习俗有守岁、吃年夜饭、吃饺子、拜年、贴春联、放鞭炮、走亲戚等。

火树银花不夜天——元宵节。农历正月十五是新年的第一个月圆之日，称作"上元"，古称"上元节"。主要习俗有吃元宵、赏花灯、猜灯谜等，如图9-22所示。

中国的传统节日大全

图 9-21 团团圆圆中国年

春节的由来，你知道吗

图 9-22 闹元宵

寒食东风御杨柳——清明节。又称踏青节、行清节、三月节、祭祖节等，节期在仲春与暮春之交（图 9-23）。扫墓祭祖与踏青郊游是清明节的两大礼俗主题，这两大传统礼俗在中国自古传承，至今不辍。

艾符蒲酒话升平——端午节。又称端阳节、龙舟节、重午节、重五节、天中节等，日期在每年农历五月初五，是集拜神祭祖、祈福辟邪、欢庆娱乐和饮食为一体的民俗大节（图 9-24）。端午节源于自然天象崇拜，由上古时代祭龙演变而来。后人也将端午节视为纪念屈原的节日。

图 9-23 缅怀先祖

图 9-24 端午粽香

第九章 社会交往——相与有成，芝兰之交

年年乞于人间巧——七夕节。又称七巧节、七姐节、女儿节、乞巧节等。拜七姐，祈福许愿、乞求巧艺、坐看牵牛织女星、祈祷姻缘、储七夕水等，是七夕的传统习俗。经历史发展，七夕被赋予了"牛郎织女"的美丽爱情传说，使其成了象征爱情的节日，从而被认为是中国最具浪漫色彩的传统节日，在当代更是产生了"中国情人节"的文化含义。

七夕君至，
礼寄相思

月到中秋分外明——中秋节。中秋节自古便有祭月、赏月、吃月饼、看花灯、赏桂花、饮桂花酒等民俗，流传至今，经久不息，如图 9-25 所示。

图 9-25 月满中秋

把酒赏菊倍思亲——重阳节。日期在每年农历九月初九。民间在重阳节有登高祈福、拜神祭祖及饮宴祈寿等习俗。传承至今，又增添了敬老等内涵。登高赏秋与感恩敬老是当今重阳节活动的两大重要主题。

（二）外国主要节日

国外的传统节日有：圣诞节、感恩节、复活节、愚人节、情人节、开斋节等。

圣诞节是基督教纪念耶稣诞生的重要节日。亦称耶稣圣诞节、主降生节，天主教亦称耶稣圣诞瞻礼。耶稣诞生的日期在《圣经》中并无记载。公元 336 年罗马教会开始在 12 月 25 日过此节。12 月 25 日原是罗马帝国规定的太阳神诞辰，有人认为选择这天庆祝圣诞，是因为基督教徒认为耶稣就是正义、永恒的太阳。

感恩节是西方传统节日，是美国人民独创的一个节日，也是美国人合家欢聚的节日。初时感恩节没有固定日期，由美国各州临时决定。在美国独立后的 1863 年，林肯总统宣布感恩节为全国性节日，现在一般为每年十月的第二个星期一。由于感恩节的晚餐中必备的菜是火鸡肉和南瓜饼，因此感恩节又称火鸡节。

复活节是一个西方的重要节日，在每年春分月圆之后第一个星期日。是基督教纪念耶稣被钉十字架受死后第三日复活的节日。亦称耶稣复活节、主复活节，天主教亦称耶稣复活瞻礼。在复活节这天，西方国家的家庭成员都团聚在一起，准备各种各样的传统肉食品。大家见面互相祝贺，给亲友送贺卡。

愚人节也称万愚节、幽默节。愚人节时间为每年的 4 月 1 日，是从 19 世纪开始在西方兴起流行的民间节日，并未被任何国家认定为法定节日。在这一天人们以各种方式互相欺骗和捉弄，往往在玩笑的最后才揭穿并宣告捉弄对象为"愚人"。

情人节，又称圣瓦伦丁节或圣华伦泰节（图 9-26），日期在每年的 2 月 14 日，是西方

国家的传统节日之一，起源于基督教。如今已经成为全世界著名的浪漫节日，但是不同国家的人们表达爱意的方式却各不相同。

图 9-26　为爱告白

开斋节是伊斯兰教的重大节日，一般在伊斯兰教历的十月初一。节日期间，穆斯林沐浴盛装，举行礼拜，互相祝贺，聚会美餐，互赠礼物，施舍穷人。

（三）中外主要习俗

我国是礼仪之邦，尤其讲究待客礼节。招待客人不仅要热情，还要做到"茶浅""酒满"。我国民间有忌讳吃饭前用筷子敲碗的习俗，认为这是"穷气"。饭盛好以后忌讳将筷子插在米饭碗里（图 9-27）。中国人尊老爱幼，为人含蓄，待人友善。中国人偏爱红色，认为红色象征喜庆、吉祥。受世俗观念的影响，中国人偏爱数字"6""8""9"，认为它们含有"顺""发""长久"等美好的寓意，不喜欢数字"4"，易把这个数字与"死"联系起来。中国人视菊花为十大名花之一，但一般认为白色的菊花不能作为礼物使用，因为它已经被人们用来表达追思故人的感情。

图 9-27　中国人待客之道

在西方绝大多数国家，十分忌讳数字"13"和"星期五"，因为"13"被认为是一个不吉利的数字。门牌号楼层号、宴会桌号、车队汽车的编号等都不用"13"这个数字，宴会也不安排在"13"日举行，更忌讳"13"人同席共餐。如果"13"日和星期五碰巧在同一天时，这一天就被西方称为"黑色星期五"，有些人就会感到惶惶不可终日。

国外十分讲究个人隐私权，凡涉及个人隐私的问题，在交谈中一律要回避，做到不问年龄、不问婚否、不问经历、不问收入、不问住址等。

> **小 结**
>
> 　　人们身处纷繁复杂的社会关系中，扮演着各种各样的社会角色。良好的社会交往能够帮助我们更好地理解他人，建立互信互助的人际关系。通过社交，我们还可以了解不同文化、不同国家人们的生活与思想，促进文化交流与互鉴。因此，掌握基本的社交技巧是十分必要的。
>
> 　　本章结合学生实际，从日常生活中不可或缺的社交环节出发，旨在帮助学生了解到社交的重要性，掌握必备的社交技能。随后又讲述了邻里之间相处、朋友之间相处的技巧。最后讲述了不同国家、不同文化之下造就的不同风俗习惯，为跨文化沟通做好铺垫。

 自我拓展练习

社交能力小测试（每题回答的选项为"是"或者"否"）

1. 我碰到熟人时会主动打招呼。
2. 我常主动写信给友人表示思念。
3. 我旅行时常与不相识的人闲谈。
4. 有朋友来访时我内心里感到高兴。
5. 没有人引见，我很少主动与陌生人谈话。
6. 我喜欢在群体中发表自己的见解。
7. 我同情弱者。
8. 我喜欢给别人出主意。
9. 我做事总喜欢有人陪伴。
10. 我很容易被朋友说服。
11. 我总是很注意自己的仪表。
12. 约会迟到我会长时间感到不安。
13. 我很少与异性交往。
14. 我到朋友家做客从不感到不自在。
15. 与朋友一起乘公共汽车我不在乎谁买票。
16. 我给朋友写信时常诉说自己最近的烦恼。
17. 我常能交上新的知心朋友。
18. 我喜欢与有独到之处的人交往。
19. 我觉得随便暴露自己的内心世界是很危险的事情。
20. 我对发表意见很慎重。

评分规则：

正确答案：1～4 是，5 否，6～13 是，14～15 否，16～18 是，19～20 否。各题答对记 1 分，答错不记分。

将 1~5 题得分相加，其分数说明交往主动性水平。得分高说明交往偏于主动型，得分低则说明交往偏于被动型。

将 6~10 题得分相加，其分数说明交往支配性水平。得分高表明交往倾向于领袖型，得分低则说明偏于依从型。

将 11~15 题得分相加，其分数说明交往规范性程度。得分高意味着交往讲究严谨，得分低则表明交往较为随便。

将 16~20 题得分相加，其分数说明交往开放性程度。得分高表明交往偏于开放型，得分低则意味着交往倾向于闭锁型。

如果得分不是偏向最高分和最低分两个极端，而是处于中等水平，则表明交往倾向不明显，属于中间综合型的交往者。

主动型—被动型：主动型的人在社交上总是采取积极主动的方式。他们不会等待别人来接纳自己，而是主动结交，能做交往的始动者。在现实生活中，主动型的人对自己在人际关系方面比较有自信心，即使在交往中遇到一些误解和挫折，也能坦然对待。因此，主动型的人适应能力很强，容易与人相处，为人坦率，不斤斤计较。适合于需要顺利处理人与人之间复杂的情绪或行为问题的职业，如教师和推销员等。

被动型的人在社交上总是采取消极的、被动的退缩方式，总是等待别人来接纳他们。虽然他们处在一个人来人往的人群中，却不能摆脱心灵的孤寂。他们只能做交往的响应者，而不能做始动者。被动型的人特别害怕别人不会像自己期望的那样理解自己，从而会使自己处于窘迫的局面，伤害自己的自尊。他们对人较冷漠，喜欢独自工作。适合不太与人打交道的职业，如机械、电工等有明确要求并需要一定技能技巧的工作。

领袖型—依从型（控制型）：领袖型的人比较好强固执，独立积极，自视很高，非常自信，武断而有力量，攻击性强。有时表现出反传统倾向，不愿循规蹈矩，在集体活动中有时不遵守纪律，社会接触较广泛；有时饮酒过量，睡眠较少，不太注重宗教信仰，有强烈的支配和命令别人的欲望。所有的生活价值领域都服务于他的权利欲望，知识成为他的支配手段，艺术服务于他的权力冲动，凡是他的所作所为，总由自己决定。在职业上，倾向于管理人员、工程师、飞行员、竞技体育运动员、作家、心理学家等。

依从型的人比较谦卑、温顺，惯于服从、随和，能自我抑制，想象力较差，喜欢稳定、有秩序的环境。他们独立性较差，不喜欢支配和控制别人。在职业上，他们愿意从事那些需要按照既定要求工作的，比较简单而又比较刻板的职业，如办公室事务员、仓库管理员、非技术操作工等。

第十章
冲突解决
——和而不同，美美与共

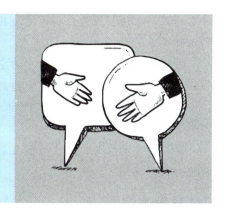

导读：

人与人之间的交往不免存在着多种矛盾（图10-1），能够正确及时地解决人际冲突甚至结成更优的人际关系，有助于人们形成健康的人格、保持良好的状态、推进能力的提升、走向人生的成功。本章结合职业学校学生的具体情况，阐述和谐交往的相关内容，主要剖析学生在校园中、家庭中、职场中可能遇到的人际冲突及其解决方法，理论联系实际，有针对性地对学生进行系统、全面的冲突解决教育引导，培养学生和而不同、美美与共的人生观与价值观，这对于提高学生的整体素质、社会适应能力有着重要意义。

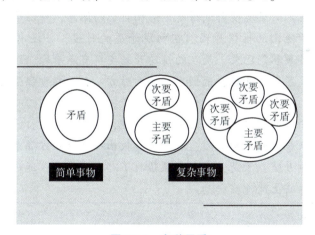

图10-1 多种矛盾

学习目标

知识与技能目标：认识矛盾，理解人际冲突的含义、产生原因及影响，明白和谐交往的意义，学习解决冲突的正确方法；提高语言沟通力、是非判断力、社会适应力，能够学以致用，积极应对实际问题。

过程与方法目标：通过案例情境分析、小组合作讨论、自主探究思考等方式，掌握解决

人际关系与沟通

冲突的正确方法，注意应具体问题具体分析，避免加剧矛盾冲突的激烈程度，灵活维持和谐的人际关系。

素质目标：增强人际交往中的危机意识，树立起和而不同、美美与共的正确人生观和价值观，养成情绪稳定、避免冲突的好习惯。

学习重点

认识冲突的含义、产生原因及影响，系统学习解决冲突的正确方法，能够学以致用，积极应对实际问题。

学习难点

理解保持和谐人际关系的意义，能够具体问题具体分析，避免矛盾冲突。

第一节 认识矛盾，平心静气

导入

心心和强强住在同一间宿舍，心心是一个勤奋好学的学生，性格内向，平时与同学之间不经常交流与沟通，他喜欢早睡早起，作息时间比较有规律。但是，强强却不怎么爱读书，在校大部分时间以玩电脑游戏为主，而且他经常玩游戏到深夜才睡，然后第二天基本要到中午才起床。强强的性格也相对比较内向，平时话不多。由于两人的作息时间存在很大差异，他们心里其实都觉得对方影响自己的休息，所以这事一直是他们之间存在的摩擦，但由于他们的性格原因，在初现矛盾的时候，并没有把不满直接告诉对方。不过，因为这件事积怨已久，两人的情绪开始变得有点暴躁，结果，在一个临放暑假的夜晚，冲突爆发了。一开始，他们互相指责对方：心心指责强强玩游戏到很晚的时间，而且在玩游戏的同时还会时常发出很大的声音，严重影响到心心的休息；强强却反驳说道，心心每天早上的闹钟铃声会经常把他吵醒，太早起床令自己没法好好休息，都快精神衰弱了。后来争吵越来越激烈，迟迟不能找出一个让双方满意的解决方法，导致互相的不满程度急剧升级，于是，心心和强强打了起来。最终，通过辅导员的协助，为他们调换了宿舍，才将上述冲突平息。

思考讨论：
1. 心心和强强产生冲突的原因是什么？
2. 他们之间的矛盾是否真正消失了？

一、人际冲突的含义

"矛"与"盾"是两种常见的兵器，"矛"用于刺穿，而"盾"则用于抵挡刺穿，二者相生相克，便有了"矛盾"一词，以形容事物之间相互影响、相互作用的特殊状态——对立（图10-2）。人与人之间的交往中亦存在

自相矛盾的故事

这种对立状态，表现为两个或两个以上的相互关联的主体之间的紧张、不和谐、敌视，甚至激化为争斗的关系，称作"人际冲突"。人际冲突是一种十分普遍的现象，可以说，只要有人群的地方，就必然存在人际冲突。

图 10-2 矛盾对立

人际冲突可以分为不同类型（图 10-3）。布瑞克和凯利区将人际冲突分为三个层次的冲突：第一层次是特定行为上冲突，即双方对于某个具体问题存在不同意见；第二个层次是关系原则或角色上的冲突，即双方对于如何处理两个人的关系，在关系中对各自的权利、义务有不同的理解；第三层次是个人性格与态度上的冲突。一般来说，冲突层次越高，涉及因素就越多，情感卷入程度越高，矛盾就越复杂，解决起来也越难。根据冲突的基础不同，著名学者多伊奇区分了五种类型的冲突，包括平行的冲突、错位的冲突、错误归因的冲突、潜在的冲突、虚假的冲突。在平行的冲突中，存在客观的分歧，而且双方都准确地知觉到了这种分歧。在错位的冲突中，一方可能有一个客观的理由，而且知觉冲突的存在，但是却不直接针对真正的问题本身。在错误归因的冲突中，存在客观的分歧，但是双方对这种分歧并没有准确的知觉。在潜在的冲突中，存在客观的分歧，但是双方对这种分歧并没有什么感觉。在虚假的冲突中，双方有分歧，但是这种分歧并没有客观的基础。

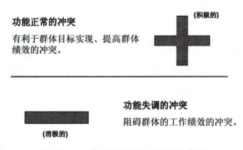

图 10-3 人际冲突分为不同类型

二、人际冲突产生的原因

一般来说，引发冲突的因素主要有三种：思维的冲突、共识的冲突和行为的冲突。但在现实中，人际冲突产生的原因往往复杂得多，可能是各方的需要、利益不同，或者对问题的认识、看法不同，或者是价值观、宗教信仰不同，或者是行为方式、做事的风格不同等。在校园、家庭、职场等不同情境中，同学之间、师生之间、家人之间、同事之间，甚至陌生人之间，都有可能产生人际冲突，其产生原因也各不相同。只有认清人际冲突产生的原因，才能具体问题具体分析，灵活解决，避免导致更严重的后果。

冲突与矛盾的根源

> **案例链接**
>
> **媳妇包粽子**
>
> 中国台湾和大陆一样,每逢端午节家家都会包粽子。但是中国台湾有一个特殊的讲究,如果一个女孩子还没有嫁人,那么粽子由她妈妈来包。如果这个女孩嫁人了,成为别人家的媳妇了,则由她担当起这个任务,婆婆就不再包了。
>
> 有一个中国台湾女孩嫁到了一个人口兴旺的家族。端午节到了,这个媳妇提前两三天包了几百个粽子,非常劳累。这时,她听到婆婆给她女儿打电话说:"女儿,来我们家拿粽子吧。你们家不用包了,来我们家拿就可以了。"这个媳妇非常生气,感到很委屈:自己忙了那么多天,你竟然让你女儿回来拿我包的粽子。于是她跟婆婆吵起来,最后忍无可忍,一气之下回娘家了。
>
> 在回家的路上,她接到了妈妈的电话,妈妈说:"女儿,快点回来,来我们家拿粽子吧,你嫂子包了很多粽子,你们家不用包了……"

案例中,媳妇和婆婆的立场不同导致了冲突爆发。在婆婆看来,媳妇是嫁过来的,属于外人;媳妇则认为,在自己家同样身为女儿,不应被婆婆区别对待。由此可见,冲突产生的最大原因是角色定位不清晰。处于什么位置,就应该说什么话、做什么事,否则就会像案例中的婆媳一样产生冲突。

(一)同学之间产生冲突的主要原因

校园中的人际关系比较单纯,但由于学生的心智未完全成熟并且缺少生活阅历,又处在以自我为中心的时期,比较容易产生同学之间的冲突(图10-4)。其中,典型的就是个性使然,有的人喜欢安静,而有人比较张扬,同学之间会因性格不同导致摩擦,若再受到外界的不良影响,则会加剧矛盾引起冲突。另外,在一定程度上学生有学习成绩的竞争关系,比如对于奖学金、学生干部、三好学生等荣誉奖励的评定,亦会存在利益矛盾引发的冲突。

图10-4 同学之间的冲突

(二)家人之间产生冲突的主要原因

家庭是让人感到最亲切的情境,人的性格、观念、习惯、兴趣等一切重要特性都是从家庭开始的,但家人之间也会存在合不来的情况。这种对立必然会摧毁家庭之外的交际,甚至发展为受原生家庭影响的心理问题。其中,最严重的就是父母与子女之间的人际冲突,大多是为了彼此好,但由于父母过度干预子女而产生误会,又无法及时进行平等沟通,家庭对于个人的庇护与指导变为羁绊,小的不合变为大的不合,最终矛盾激化、产生冲突。

（三）同事之间产生冲突的主要原因

职场是最考验交际能力的地方（图10-5），形形色色的人与自己息息相关，彼此的身份关系错综复杂，层级不同、责任不同、个人特质不同、立场角度不同、处事方法不同……同事之间产生冲突的因素也不尽相同。比如，为了取得更好的绩效、升迁等重要指标，很可能会不小心或无意识地侵害同事利益而产生冲突；若权责不够明确，合作完成工作任务的同时，会因决定权的大小和承担责任的多少而产生冲突；由于交流不够通畅，自己的意见没有被接受，同事之间无法默契完成工作任务而产生冲突。

图10-5　职场交际

三、人际冲突的影响

对于人际关系来说，冲突可以带来挑战，也可以带来机遇。冲突的负面功能主要表现在：由于心存芥蒂，使得双方沟通不畅，情感隔阂，相互诋毁、拆台，无法获得彼此的帮助；或者由于互不相让、恶意攻击导致关系破裂，失去朋友并结仇；或者矛盾激化，在比较紧张的氛围中，陷入争吵甚至大打出手。但是，冲突也可以有很强的正面功能，这类似于俗话说的"不打不相识"。正面功能主要有：一方面，双方把隐藏的不满、误解公开表达出来，可以通过辩论而得以澄清、化解，从而消除隔阂，增进理解，加深关系；另一方面，双方把各自的看法及其理由摆出来，通过建设性的争论，可以形成"头脑风暴"，彼此激发新思想，最后找到解决问题的最佳方案。

如何处理邻里之间的矛盾

案例链接

不打不相识

宋江因犯案被发配到江州，遇到早就想结识他的戴宗。于是两人一起进城，在一家酒店里喝酒。才饮得两三杯，又遇到李逵，后来三人又到江边的琵琶亭酒馆去喝酒。吃喝间，宋江嫌送来的鱼汤不甚好，叫酒保去做几碗新鲜鱼烧的汤来醒酒。正好酒馆里没有新鲜鱼，于是李逵跳起来说："我去渔船上讨两尾来与哥哥吃！"

戴宗怕他惹事，想叫酒保去取，但李逵一定要自己去。

李逵走到江边，对着渔人喝道："把你们船上两条活鱼给我。"

一个渔人说："渔主人不来，我们不敢开舱。"

李逵见渔人不拿鱼，便跳上一只船，顺手把竹笆篾一拔。没想到竹笆篾是没有底的，只用它来拦鱼，他这一拔，就让鱼全跑了。李逵一连放跑了好几条船上的鱼，惹怒了几十个打鱼人，打鱼人七手八脚地拿竹篙来打李逵。李逵大怒，两手一架，早抢过五六条竹篙在手里，一下子全扭断了。正在这时，绰号"浪里白条"的渔主人张顺来了。张顺见李逵无理取闹，便与他交起手来（图10-6）。两人从船上打到江岸，又从江岸打到江里。张顺水性极好，李逵不是他的对手。他将李逵按在水里，李逵被呛得晕头转向，连声叫苦。

图10-6 张顺和李逵

这时戴宗跑来，对张顺喊道："足下救了我这位兄弟，快上来见见宋江！"

原来，张顺认得戴宗，平时又景仰宋江的大名，只是不曾拜识。听戴宗一喊，急忙将李逵托上水面，游到江边，向宋江施礼。戴宗向张顺介绍说："这位是俺弟兄，名叫李逵。"

张顺道："原来是李大哥，只是不曾相识！"

李逵生气地说："你呛得我好苦呀！"

张顺笑道："你也打得我好苦呀！"

说完，两个哈哈大笑。戴宗说："你们两个今天可做好兄弟了，常言说：不打一场不会相识。"几个人听了，都笑了起来。

和谐：走出心中的洞穴

事实证明，事业成功、家庭幸福、生活快乐都需要良好的人际关系，个人能力再出众，也要懂得集合他人的能量，一味清高孤傲的人绝不会得偿所愿。良好的人际关系能让人获得帮助，能与朋友进行才智互补，能让人情感融洽，能更好地进行信息交流，还能让人视野心胸开阔。若人人都能关系融洽，便能实现"和谐"，这是中国传统文化的核心理念。"万物各得其和以生，各得其养以成。"因此，做到包容差异、共享和谐，是拥有美好人生的重要本领，若想维持一段良好的人际关系，就必须学会解除与他人之间的过节，避免冲突、解决冲突。

第十章 冲突解决——和而不同，美美与共

> **案例链接**
>
> 莫洛是美国摩根银行的股东兼总经理，年薪高达100万美元。其实他以前不过是一个法院的书记员，后来做了一家公司的经理，但他实在是人际关系的天才，朋友资源极佳。他之所以能被摩根银行的同事们选中，一跃而成为全美商业巨子，登上摩根银行总经理的宝座，据说是因为摩根银行的董事们看中了他在企业界的盛名和极佳的人际关系。好人脉给莫洛带来的是地位和事业的成功，给企业带来的是良好的经营业绩。

第二节 积极磋商，攀向成功

> **导入**
>
> 丽丽作为国内顶尖职业院校计算机专业的应届毕业生，就业时十分顺利地进入到一家知名互联网公司，成为一名职场新人。从小到大丽丽都是优秀学生，好胜心较强，又凭借年轻有干劲，积极承担工作任务，乐于表现自己。很快，她便得到了领导的赏识，成为了团队中的重要成员，工资也是涨得飞快。然而，进入公司快十年还没有升职的鑫鑫，感觉被迫"卷"到"压力山大"。当初鑫鑫入职时，公司的规模还很小，招聘的大学毕业生对于履历和成绩的要求并不高。一开始，鑫鑫也是非常努力地投身工作，但随着公司发展，她清晰地感觉到完成高难度任务时很吃力，也就慢慢松懈下来，一天一天混日子。于是，抱有不同观念的丽丽和鑫鑫之间存在矛盾，互相不对付，已不再是单纯的竞争关系。直到领导下达一个工作任务，让二人配合完成，然而，积怨已久的她们因对其中某程序环节的不同意见而发生口角，冲突升级，不欢而散。最终，此工作任务未能按时完成，丽丽和鑫鑫双双受到了领导的批评。事件发生后，她们认识到了自己的错误，积极面对彼此之间的人际冲突，二人平心静气地聊了很久。解开心结后，丽丽变得更加谦虚，鑫鑫也恢复了动力，二人成了配合默契的搭档和无话不谈的朋友，实现了双赢。
>
> **思考讨论：**
> 1. 丽丽和鑫鑫为何无法合作完成工作任务？
> 2. 她们采取什么方法解决了之间的矛盾冲突？

一、正确看待

人具有社会性，每个人都渴望得到别人的宽慰、帮助与支持，故而在交往过程中会尽力地化解矛盾、避免争斗，以享受和谐的人际关系。但必须清晰地认识到，只要有人群的地方，就可能出现人际冲突，千万不要一味消极对待，这只会让情况变得更糟。我们应正确看待人际冲突，认识到不同主体之间存在争斗是正常现象，发生对抗并不可怕，积极面对并及时解决即可。并且，若能够依据对立统一规律，理解双方的彼此依赖性，化压力为动力，恰当处理人际冲突，甚至会带来意想不到的正面效果。

案例链接

利用敌人才能更好生存

在某城市里，经过诸多电器经销商明争暗斗的激烈较量，赵××、王××两大商家脱颖而出，他们成了彼此最强硬的竞争对手。

有一年，赵××为了增强市场竞争力，采取极度扩张的经营策略，但由于实际操作中有所失误，其市场销售业绩反倒直线下降。许多业内外人士纷纷提醒王××，应主动出击，一举彻底击败对手赵××，进而独占该市电器市场的最好商机。

在赵最危难的时机，王××出人意料地主动伸出援手，拆借资金帮助赵××涉险过关。很多人嘲笑王××的心慈手软，说他是养虎为患。可王××却没有丝毫后悔之意。就这样，王××和赵××在激烈的市场竞争中，彼此绞尽脑汁地较量。多年后，王××和赵××都成了当地赫赫有名的商业巨子。

面对事业如日中天的王××，当记者提及他当年的"非常之举"时，王××一脸的平淡：企业能够发展壮大，应该感谢对手时时施加的压力，我正是将这些压力，化为想方设法战胜困难的动力，才能在残酷的市场竞争中始终保持着一种危机感，如图10-7所示。

图10-7 化压力为动力

二、控制情绪

面对人际冲突，在任何情境下都应该"先处理心情，再处理事情"。情绪的力量非常惊人，一个懂得控制情绪的人面对任何问题都能够迎刃而解，正确情绪能推动人做了不起的事，负面情绪会阻碍人做想完成的事（图10-8）。简单来说，控制情绪并非压抑情绪，正确情绪和负面情绪都是正常的生理现象，合理宣泄悲伤、愤怒、焦虑、恐惧，保持积极向上的乐观心态，成为情绪的主人。

图10-8 正确情绪与负面情绪

控制情绪的有效方法

人际冲突往往处于相对激烈的对立状态，此时绝大多数人的情绪为愤怒，若想阻止更坏的局面出现，首要就是控制脾气暴躁。想发脾气的时候做个深呼吸，为大脑补充氧气，使自己逐渐平静下来。然后理智分析被激怒的原因，思考发脾气的后果，避免做出令自己后悔的事。最后加强自制力修炼，以沉默度过兴奋状态，或者做一些转移注意力的事情，比如畅想自己身处令人惬意的天地里。在你做出决定、行动或是说话之前，必须要三思而行，最好停一停、想一想，不要图一时之快，否则可能引起不可控的后果。

三、尊重他人

尊重他人才能被他人尊重（图10-9）。人具有社会性，天生就有社交的渴望，但经常会犯下不尊重他人的错误，导致双方感情破裂。人与人交流时，如果不懂得起码的礼仪教养，或者只管自己说个痛快而不顾别人感受，无意识地伤害别人，那么社交效果会大打折扣。所以在人际交往中，尊重必不可少。

图10-9 尊重

> **案例链接**
>
> 轩轩是三年级插班生，以前跟奶奶生活在农村，说的一直是家乡话，普通话并不标准，因而在班上闹出了许多笑话。有一次同学轮流讲故事，轮到轩轩时，他因为普通话不标准，一开口就引得全班哈哈大笑。轩轩感到非常尴尬，小华是一个好事的孩子，讥笑道："就你这普通话还讲故事，不是闹笑话吗？"轩轩的自尊心因此受到打击，他瞪着小华，小华反而笑得更开心了。终于轩轩再也忍不住，冲过去跟小华打了起来。老师知道后，将二人叫到办公室，严厉地批评了小华，因为他没有尊重他人，说的话伤害了轩轩。小华意识到自己的错误，诚恳地向轩轩道歉，还主动教他说普通话，自此他们成了好朋友。

（一）掌握社交礼仪

礼貌先行的人更容易获得别人的尊重。一个具备礼仪修养的人，往往是受欢迎的人，也容易融入圈子。最基本的社交礼仪就是学会说礼貌用语：与人见面说"您好"，问人姓氏说"贵姓"，久未见面说"久违"，请人帮忙说"劳驾"，求人办事说"拜托"，受人帮助说"谢谢"，向人祝贺说"恭喜"，无法满足说"抱歉"，请人谅解说"包涵"，临分别时说"再见"……有时仅仅因为一句话就会产生人际冲突，但也会因为礼貌用语而挽救一份感情。

（二）学会换位思考

与人交流，要先换位思考（图10-10），揣摩一下对方的感受，站在不同的角度思考，才能全面地了解问题、解决问题。尊重事实固然是好的，但要考虑各自的立场、身份和特性，人际交往的过程中不妨多问问自己："如果是他们，听到这件事，会怎样反应？"即使是同样一件事情，每个人的感受也会不一样，对不同的人要用不同的表达方式，符合对方心理才能博得对方好感。

图10-10　换位思考

（三）培养"谦让"品质

做人境界的高低往往体现在处理冲突的方法上，善于化解的是高境界，善于激化的是低境界，而"谦让"也是一种高境界的修为（图10-11）。谦让是始终站在大局利益角度看待个人利益，当大局利益与个人利益发生矛盾时，牺牲个人利益，维护大局利益。很多人际冲突的产生，就是因为主体以自我为中心，根本不懂得谦让，比如插队、占座等不文明行为引发的人际冲突。但谦让并不意味着示弱、吃亏，而是懂得分享的品质，不卑不亢的态度。

图10-11　谦让

四、有效沟通

（一）通过倾听与对方建立连接

有效沟通的重要性

我们有两只耳朵一张嘴，这意味着进行有效沟通的前提是学会倾听（图10-12）。倾听时，必须看着对方的眼睛，用心感受对方鲜活的生命状态。人们判断你是否在聆听和理解说话的内容，是根据你是否看着对方来进行判断的。点头或者微笑就可以表示赞同对方说的内容，表明你与说话人意见相同。当对方讲话时不要打断他，等听完整后再发表意见，免得存在个人偏见，想当然地误会别人。对精辟的见解、有意义的陈述或有价值的信息，要以诚挚的赞美来夸奖说话的人。

图 10-12　学会倾听

（二）通过交谈解开双方心结

首先，使用恰当的礼貌用语，寻找共同感兴趣的话题，并且确保对方明白自己的意思，要有足够的耐心，直到观察到对方听懂了。其次，与人交谈要选择合适的时机、恰当的话术，多用美好的语言夸赞对方，切忌口无遮拦，在任何情况下都不应"恶语"相对。再次，交谈的语言要轻松幽默且清晰精炼，适当把发言的机会留给别人，成为一个语言有力量的人。并且，要坚持言而有信，在交谈过程中让人感受到真诚，但也应灵活地运用善意的谎言。最后，交谈要有始有终，务必保证完成了本次信息沟通的任务，使用礼节性的收尾方式，一般情况是将"客气话"作为结束语。

> **案例链接**
>
> 苏格拉底晚年娶了一位脾气暴躁，动辄大发雷霆的妻子（图 10-13）。一次，妻子洗衣服，想让苏格拉底来帮一下。这时，苏格拉底正在和朋友讨论问题，谈得津津有味，忘乎所以，对妻子的叫喊充耳不闻。妻子越骂越气，端起一盆脏水，毫不客气地朝着苏格拉底就浇了下来。这让苏格拉底的朋友也感到十分难为情，看来一场大规模的"冲突"似乎已经不可避免了。不料，苏格拉底大笑着对他的朋友说道："没有什么，大风雷鸣过后，必有大雨嘛，我们应当习以为常了。"他的一句幽默的话语，既缓解了他难堪的局面，也让妻子很不好意思，意识到自己做得不对。
>
>
>
> 图 10-13　苏格拉底与妻子

五、应用策略

托马斯-基尔曼冲突模型是世界领先的冲突解决方法，它系统地诠释不同类型的冲突需要不同的解决方法，以全新视角将冲突看作不可避免的正常状态，从坚持度和合作度两个方向出发，划分了5种常见的冲突处理方式：竞争、回避、折中、迁就和协作，指导人们彼此理解和沟通，因而得到了广泛运用（如表10-1所示）。

表10-1　托马斯-基尔曼冲突模型

冲突处理方式	适合的情况
竞争	1. 当情况紧急，要采取决定性行动时 2. 与集体的利益关系重大的问题上 3. 在重要的纪律问题上 4. 当对方可以从非强制性手段中获益时
协作	1. 当与双方利益都有重大关系时 2. 当你的目标是向他人学习时 3. 需要集思广益时 4. 需要依赖他人时 5. 处于情感关系的考虑时
折中	1. 目标很重要，但不值得和对方闹翻 2. 当对方使用权力与自己相对时 3. 使复杂的问题得到暂时的平息 4. 由于时间有限需取权宜之计 5. 当合作与竞争都未能取得成功时
回避	1. 在小事情上和面临更加重要的事情时 2. 当认识到自己无法获益时 3. 当付出的代价大于得来的补偿时 4. 当其他人可以更有效地解决时 5. 当问题已经离题时
迁就	1. 当发现自己错了时 2. 当问题对别人比对自己更重要时，去满足他人，维持合作 3. 树立好的声誉 4. 当和平相处更重要时

以上5种解决冲突的策略各有优劣，适用于不同情境，需要具体问题具体分析，否则会与期望的效果背道而驰。"回避"不能解决问题，但在一时间难以化解矛盾时，可以将矛盾暂时搁置；"迁就"让矛盾显得不那么尖锐，通常被运用在家庭或社交场合；"折中"可以营造出中间地带，避免在两个极端情况下二选一；"竞争"会造成非赢即输的局面，通常只在体育竞技等场合才会使用；"协作"能促使人们团结协作，是多数场合下引导者的首要选择。

小 结

俗话讲"多个朋友多条路,少个敌人少堵墙",人际关系的和谐往往推动事业的蓬勃发展,能够开启并维持一段良好的人际关系,才能拥有走向成功的"垫脚石"和"润滑油"。而人与人之间的相处并非始终顺畅,在面对纷繁复杂的外界以及变幻莫测的人心时,都会产生人际冲突,矛盾对立的双方可能会因此丧失一段情谊,甚至影响整个人生。

本章从矛盾的普遍存在着手,引导学生正视人际冲突,明白及时修复和谐的人际关系对于成功的意义,能够冷静分析当前所存在的矛盾冲突,有意识地化解矛盾、解决冲突,提升自己的社会适应能力。在认识人际冲突的基础上,本章有针对性地系统归纳解决冲突的方法,教育学生灵活运用,理论联系实际,明白在人际交往中产生冲突并不可怕,只要积极处理即可,甚至会得到意想不到的正向反馈,走向共赢。

自我拓展练习

完成 TKI 冲突处理模式量表(表 10-2),找到适合自己的解决方法。

注意:以下 30 组句子分别描述了人们不同的行为反应,选出你认为最符合你行为特征的描述,圈出句子前面的字母。也许每种描述和你的行为都不是十分相似,但是,请你从中选择一个和你的行为比较接近的描述。

表 10-2　TKI 冲突处理模式量表

1. 当合作中出现问题时	A	有时,我会让别人来承担解决问题的责任
	C	在协商时,我强调共同点,而不是针对不同点
2. 当我们在某一事件上产生冲突时	D	我努力寻求折中的解决方案
	E	我试图考虑到别人和自己关切的全部事情
3. 当大家的目标发生冲突时	B	我总是坚定地追求自己的目标
	C	我也许会为了维护关系而尽量安抚别人的情绪
4. 当大家的观点不一致时	D	我努力寻求折中的解决方案
	C	有时,为了满足他人的意愿,我会牺牲自己的意愿
5. 当我处理某一问题时	E	为了解决问题,我不断寻求别人的协助
	A	我尽量避免产生无端的紧张气氛
6. 如果大家发生争执	A	我尽量避免给自己带来不愉快
	B	我努力使别人接受我的立场
7. 当无法达成一致时	A	我尽量把问题延后,直到自己有时间对此进行仔细的考虑
	D	我会放弃自己的一些观点,来换取别人放弃他们的一些观点
8. 当大家的意见发生对立时	B	我总是坚定地追求我的目标
	E	我尽量把所有的忧虑和问题公开化

续表

9. 当大家的做事方法不一致时	A	我觉得差异并不总是值得担忧的
	B	我努力按照自己的方式做事
10. 大家发生冲突时	B	我总是坚定地追求我自己的目标
	D	我努力寻求折中的解决方案
11. 当大家僵持不下时	E	我尽量把所有的忧虑和问题公开化
	C	我也许会为了维护关系而尽量安抚别人的情绪
12. 讨论问题时	A	有时,我不会坚持自己的立场,以避免不必要的争论
	D	如果别人接受我的部分观点,那么我也会接受他们的部分观点
13. 当大家僵持不下时	D	我选择保持中庸之道
	B	我竭力坚持自己的观点
14. 在小组讨论时	E	我告诉别人我的观点,并询问他们的观点
	B	我努力让别人看到我的观点的逻辑性和好处
15. 当大家发生冲突时	C	我也许会为了维护关系而尽量安抚别人的情绪
	A	我会做一切的努力以避免紧张气氛
16. 别人不接受我的观点时	C	我尽量不伤害他人的感情
	B	我努力阐述我的观点的好处,以此说服别人
17. 如果大家发生争论	B	我总是坚定地追求自己的目标
	A	我尽量避免产生无意义的紧张气氛
18. 遇到问题时	C	我也许会允许别人保留他们的看法,如果这样做可以让他们感到愉快
	D	如果别人接受我的部分观点,那么我也会接受他们的部分观点
19. 当问题出现时	E	我尽量把所有的忧虑和问题公开化
	A	我尽量把问题延后,直到自己有时间对此进行仔细的考虑
20. 意见不同时	E	我试图立刻解决我们之间的差异
	D	我努力寻求双方的得失平衡
21. 讨论问题时	C	在进行协商的时候,我尽量考虑别人的意愿
	E	我总是倾向于直接讨论问题
22. 当工作中发生冲突时	D	我试图在自己的观点和别人的观点之间寻求折中
	B	我坚持自己的意愿
23. 当合作中出现问题时	E	我总是希望能够满足所有人的意愿
	A	有时,我会让其他人来承担解决问题的责任
24. 意见不一致时	C	如果别人的想法对他来说很重要,那么我会尽量满足他
	D	我尽量让别人接受,大家都让一步

· 228 ·

第十章 冲突解决——和而不同，美美与共

续表

25. 争论时	B	我努力让别人看到我的观点的逻辑性和好处
	C	在进行协商时，我尽量考虑别人的意愿
26. 发生冲突时	D	我选择保持中庸之道
	E	我总是希望能够满足所有人的意愿
27. 讨论问题时	A	有时，我不会坚持自己的立场，以避免不必要的争论
	C	我也许会允许别人保留他们的看法，如果这样做可以让他们感到愉快
28. 发生冲突时	B	我总是坚定地追求我的目标
	E	为了解决问题，我通常向别人寻求协助
29. 当存在分歧时	D	我选择保持中庸之道
	A	我觉得差异并不总是值得担忧的
30. 意见不一致时	C	我尽量不伤害别人的感情
	E	我总是和别人共同探讨，共同解决问题

请数一数每个字母被圈的次数，总和为30。

A：(　　　)
B：(　　　)
C：(　　　)
D：(　　　)
E：(　　　)

将统计出的数字以小圆点的形式分别标在图10-14中，并将这些小圆点连接起来。

```
15
14
13
12
11
10
 9
 8
 7
 6
 5
 4
 3
 2
 1
 0
      A回避型  B竞争型  C迁就型  D妥协型  E协作型
```

图10-14　冲突处理模式统计图

说明：曲线比较多的形状是：钩状、W型、V型。每个人对事情的重要性和人际关系的重要性都会有自己的原则和判断，然后采取相应的处理方式。

主要参考文献

[1] 郭鹏. 史上最强的沟通术 [M]. 北京：机械工业出版社，2009.
[2] 李颖娟，丁旭. 人际沟通与交流（第二版）[M]. 北京：清华大学出版社，2018.
[3] 吕路军，李铁，金世佳. 人际沟通 [M]. 延吉：延边大学出版社，2016.
[4] 杨智雄，曾仕强，刘军政. 人际关系与沟通 [M]. 北京：清华大学出版社，2018.
[5] 谭昆智，谭靖仪. 人际关系学 [M]. 北京：首都经济贸易出版社，2020.10.
[6] 王雪丽，薛立强，吴凤余，郝雅立. 天津：天津大学出版社，2021.1.
[7] 龙菲，苏宪国. 人际沟通与交流 [M]. 北京：清华大学出版社，2021.1.
[8] 张文光. 人际关系与沟通 [M]. 北京：机械工业出版社，2019.2.
[9] 海伦·帕尔默. 九型人格 [M]. 北京：华夏出版社，2006.
[10] 二志成，郑会一. 书都不会读，你还想成功 [M]. 南宁：广西科学技术出版社，2013.
[11] 孙晓芸. 书法有法 [M]. 南京：江苏美术出版社，2010.
[12] 许洪流. 技与道：中国书法笔法论 [M]. 杭州：浙江人民美术出版社，2000.
[13] 王群. 品味公文——公文写作漫谈四十篇 [M]. 北京：中共中央党校出版社，1999.
[14] 龙璇. 人际关系与沟通技巧 [M]. 北京：中国邮电出版社，2019.
[15] 董乃群，刘庆君. 社交礼仪实训教程 [M]. 北京：清华大学出版社；北京交通大学出版社，2011.
[16] 吴静，莫创才. 社交礼仪实用教程 [M]. 北京：清华大学出版社，2011.
[17] 杜青芬. 家长与孩子沟通中存在的问题及对策分析 [J]. 课程教育研究：新教师教学，2013.
[18] 辛西亚·汤百斯. 成功学习百分百 [M]. 北京：新华出版社，2001.
[19] 刘晓东. 解放儿童 [M]. 北京：新华出版社，2002.
[20] 李洪曾. 上海地区幼儿家庭教育的特点与问题 [J]. 上海教育科研，1995.
[21] 刘传德. 中外名人教子故事 [J]. 教育导刊，2007.
[22] 王静. 新媒体背景下大学生网络礼仪与沟通能力的现状与对策 [J]. 新媒体研究，2020，6（02）：105-106，116.
[23] 赵振宇. 网络时代讲好真话 [N]. 中国青年报，2015-03-23（002）.
[24] 李若. 大学生网络话语失范现象研究 [J]. 社会科学前沿，2019，8（5）：826-832.
[25] 马云，朱一军. 网络礼仪及道德规范 [M]. 上海：华东师范大学出版社，2013.
[26] 孙彗竹. 礼仪规范教程 [M]. 天津：南开大学出版社，2021.
[27] 张晓艳. 商务礼仪：理论、技能、案例、实训 [M]. 宁夏：宁夏人民教育出版社，2016.
[28] 李兵琴，王瑛. 人际沟通与说话艺术 [M]. 宁夏：宁夏人民出版社，2017.
[29] 张延辰，李兵琴. 个人形象与职场礼仪 [M]. 北京：阳光出版社，2014.
[30] 陈剑光，俞石宽. 现代社交礼仪 [M]. 北京：化学工业出版社，2011.

[31] 许文郁. 社交方法与技巧 [M]. 北京：首都经济贸易大学出版社，2007.
[32] 穆臣刚. 哈佛社交课 [M]. 北京：中国法制出版社，2019.
[33] 朱欣文，杨剑宇. 秘书实务 [M]. 上海：华东师范大学出版社，2015.
[34] [美] 莉尔·朗茨. 跟谁都能处得来：72个妙招让你实现职场有效沟通 [M]. 薛玮，译. 上海：上海社会科学院出版社，2020.
[35] [美] 马歇尔·卢森堡. 用非暴力沟通化解冲突 [M]. 于娟娟，李迪，译. 北京：华夏出版社，2015.
[36] 韦秀英，顾长安，苏格. 情商管教：如何逆转被小团体排挤的社交孤立 [M]. 青岛：青岛出版社，2020.
[37] 郑秀编著. 人际交往心理学 [M]. 北京：北京联合出版公司，2013.
[38] 郑月玲编著. 每天一堂社交课（白金珍藏版）[M]. 北京：人民邮电出版社，2015.